恭子と汗をかきながら

重い障害の娘
あなたの存在が
私たちの豊かさに

下郡山和子 著

ぶどう社

はじめに

私は、この春（二〇二〇年）社会福祉法人「つどいの家」の二代目の理事長職を退任しました。「どんなに重い障害のある人も、地域社会で差別されることなく、いきいきと自立した地域生活ができるよう、自己実現の場を保障し、支援する」を基本理念におき、日中活動支援、地域生活支援事業を中心に、事業展開をしてきました。

せっかく築いた「つどいの家」は、持続可能な法人であってほしい。退任するにあたって、法人の成り立ちや基本理念を伝えておきたいと思い、筆を執りました。

本書には、五十数年前に生まれた、重症心身障害児の長女恭子を挟んで、悩みつつ歩んだ夫と家族と私の歩みや、同時代を生きた障害者や家族たちの踏ん張りや苦労をお伝えしながら、今、やっと獲得できた恭子の幸せな生活をお伝えしたいと思います。

そして、わが子に障害があるとわかったばかりの、子育て真最中の若い親ごさんたちに、希望を持ってほしい、元気を出して「闘ってほしい」、という思いで書きました。

「闘う」ということは、自分たちはどうしたいのかを考え、言葉にして、辛さを訴え、子どもの人としての魅力や希望を伝え、その権利を侵害しているものを具体的に見付け出し、その払拭のために具体的に動くことです。

どんな世の中になろうとも、大切なのは「人権の尊重」です。私は、重症心身障害児と呼ばれる長女の出産によって目が開かれました。知的障害者や重症心身障害者の人権などは無視されていた過酷な時代でした。

差別が何かも知らず、狭い世界で生きて偏見だらけだった自分への自戒も含めて、まだまだ差別だらけの社会を真の共生社会に近付けるために、すべての人の「人権の尊重」を願っています。

二〇二〇年六月　　下郡山　和子

「恭子と汗をかきながら」・目次

2部 「つどいの家」

1部

子育ては女の仕事の時代に

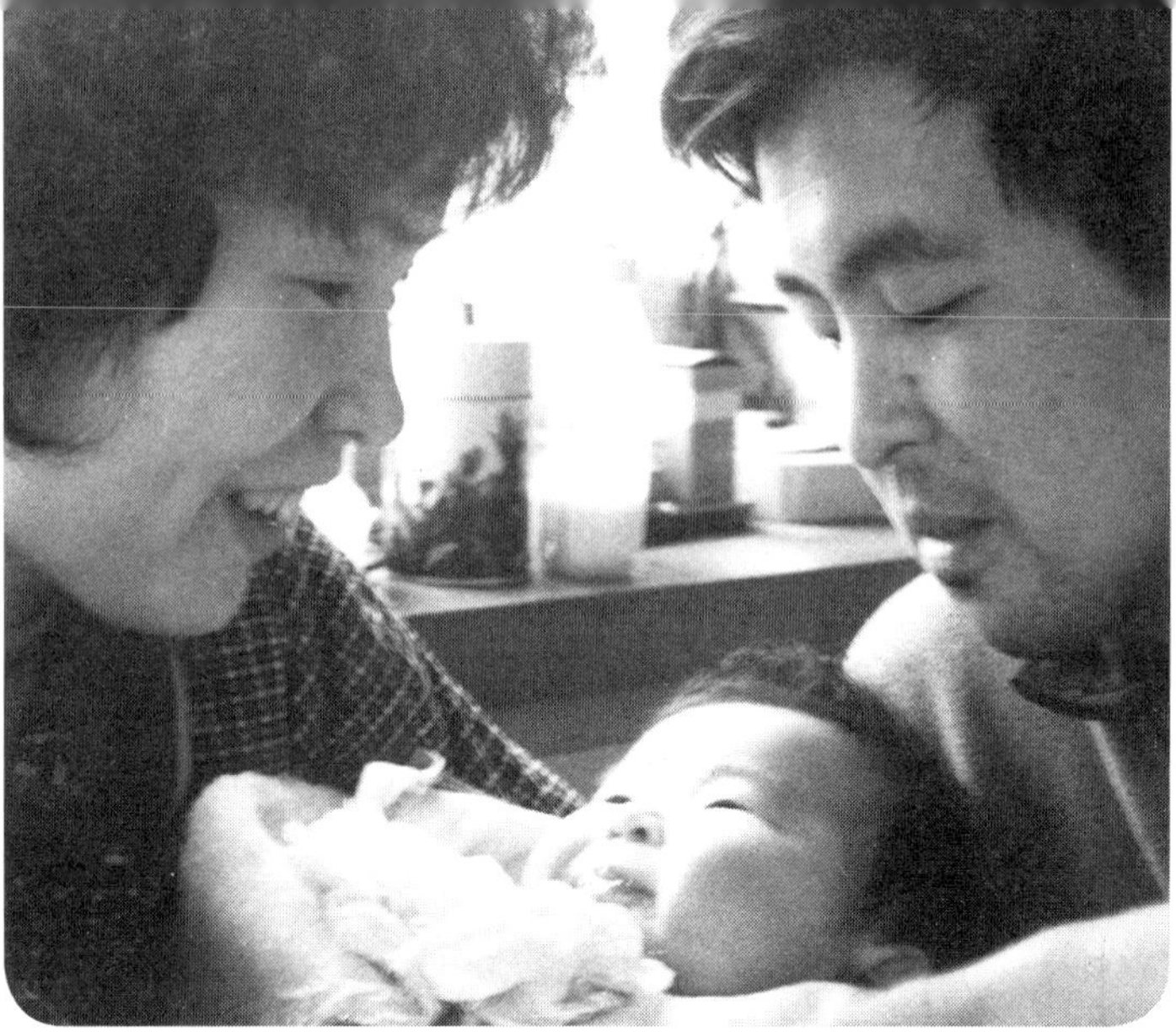

1章

〇歳〜四歳

恭子誕生

恭子　〇歳　一九六三年

・産声がどうしても思い出せない……でも、普通分娩と言われた

一九六三年十一月、私は、夫の実家のある宮城県仙台市の有名産院で長女を出産しました。出産予定日より二週間遅れていましたが、医者からは「大丈夫だよ」と言われていたので心配していませんでした。

当日の朝に破水があり入院しましたが、病院は立て込んでいてナースたちはてんてこ舞いの様子でした。破水したことを伝えても、医者は「あなたは初産だからまだまだ大丈夫だろう」とベッドで待つようにと指示するのみでした。私は、姑に「お産は障子の桟が見えないほど痛いものだから、むやみに騒がないように」と言われていたので、痛みがきてもじーっと耐えていました。

夕方まで放置され、ようやく医者が内診した時には、子どもは危険な状態になっていました。

陣痛微弱で、子どもは産道を出たり入ったりしているうちに、酸素不足になっていたらしいのです。生後すぐに黄疸が出たとのことですぐには引き渡されず、保育室で世話を受け、四日目に「もう大丈夫だから」と手元に渡され、私のおっぱいを飲むことになりました。

しかし、片耳が真っ黒に潰れていたので、「耳が黒くなっているのはどうしてなのですか」と医者に聞くと、「ああ、そんなものは揉んでいれば治る」と取り合ってくれません。

また、はじめから喘鳴があり、おっぱいを飲んでもすぐ吐くので医者に訴えると、「それは飲ませ方が悪い。胃は漏斗状になっているから、ゲップが出るまで抱いているように」と言うばかりでした。医者に再三訴えましたが、全然取り合ってくれませんでした。

嘔吐は続いていましたがそのまま退院し、お医者さんの言うことを信じて、吐くのを気にせず、吐けばまた飲ませ、吐けばまた飲ませをくり返していました。

そして臨んだ一カ月検診で、恭子の体重の増え方が少ないとわかりました。医者は検査もしないで、「体重が増えないのも吐くのも、あなたのおっぱいが悪いせいです」と言い、「おっぱいをやめて、これを飲ませなさい」と、ミルクをすすめられました。

当時ミルクは、【頭の良い子を育てよう】というキャッチコピーでテレビ宣伝をし始め、各メーカーが売り出していた競争の時代でした。産科も診察室にミルクをうず高く積み上げ、売るのに躍起になっていました。夫の姉妹たちにミルクのことを聞くと、母乳で育てたのでミルクのことはよくわからないと言います。福島に住む実家の母とは、今のように携帯電話でやり取りもできず、二十四歳の母親としては、医者を信じるしかありませんでした。

そして、産休は産前産後三週間しかありません。もちろん、今のように育児休暇もありません。母乳を飲ませて育てるには、職場に背負って連れて行くしかなく、仕事に支障が出るので「ミルクなら誰かに預けて育てられるから助かる」と思い、簡単にミルクに切り替えてしまいました。浅はかな私は、教員の仕事を続けるにはミルクで丁度良かったとさえ思っていました。

私は仙台北部の小さな町の学校に勤務していました。バスの本数が少なく、朝七時に家を出て、夜七時にならないと帰って来られない日々でした。そこで、教育長さんのお世話で、隣の農家のおばさんに育児を頼むことになりました。

・恭子の様子がおかしい

恭子は、離乳してからはすくすくと育ちました。穏やかな子で、あまり泣くことがなく、いい笑顔を見せてくれるようになりました。夫は喜んで、高級なカメラを月賦で買ってきて恭子の百面相が面白いと撮影に夢中になり、一日にフィルムを一本使う有様でした。表情が日々変わる様子を見ながら「かわいい、かわいい」と夫と頷き合う、幸せの日々でした。

しかし、生後六カ月になった頃、咳込むことが多くなり喘鳴がひどく、時々呼吸が苦しそうになりました。近所の内科の医者は、喘息性気管支炎だとして薬を処方してくれましたが、よくなりません。困り果てて、遠方にある小児科に連れて行くと、「百日咳だろう。抗生物質クロマイを取り寄せて注射すればすぐ治る」と言われ、小児科医だからと信じて委ねることにしました。後日、子守のおばさんと恭子が通院し、クロマイ注射を受けました。

しかし、注射したあとすぐに恭子は、「顔をひきつらせて真っ黒になって苦しんだ」そうです。おばさんは、そのことを医者に口止めされ、隠していて、何年も過ぎてから打ちあけまし

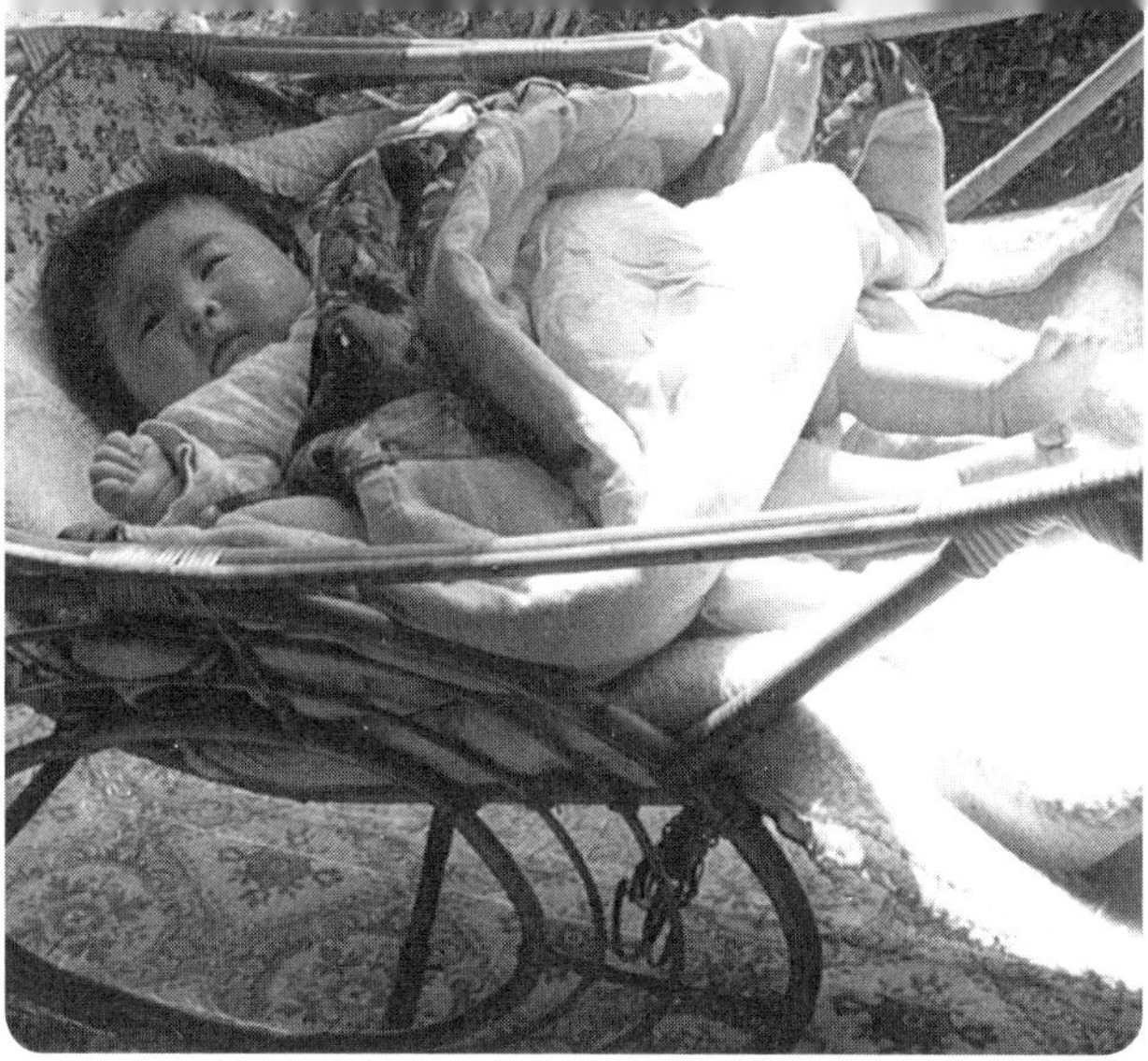

た。その頃から、恭子の笑顔は少なくなり、当時の写真は弱々しい様子で映っています。

しばらくして目がひきつるようになり、斜視なのかと気になった時期がありました。また、様子がおかしいので近くの内科に連れて行くと、今度は、熱のない肺炎だとしてストマイを打たれました。

ストマイは、戦後、結核が劇的に治ったので多くの医者が使っていました。また、種痘の予防注射を受けた時には、化膿して熱が出ましたが、誰も気にもしませんでした。その頃は、保健所で行う予防注射は針を共有していたと言いますから、化膿することも多かったそうです。

今なら、「もしかしてそれが原因?」などと考えるのでしょうが、あまり気にしなかったのです。

今さら、何が原因か断定ができませんが、恭子の身体はどんどん弱っていきました。お座りができて、寝返りもできていたのに、身体がぐにゃぐにゃして座れなくなり、這い這いも遅く、喃語《なんご》も消え、あまり泣いたりもしません。色々なことが気になり出しました。

また、反応も鈍くなり、夫が出かける時に「バイバイ」をしても視線が合わないのが不思議で、「耳が聞こえないのかなー」などと思うようになっていました。

この頃、「国民皆保険」になり、負担が少なく医療が受けられることで、医者も簡単に抗生物質を使用していました。しかも、患者は医者に盲目的に従っていた時代でした。

当時の私は、「てんかん」についても何も知りませんでした。恭子が八カ月の頃です。私は、夜しか子どもの様子を見られません。じいーっと寝顔を見ていると、時々ピクピクとするので「これは何だろう?」と、本で調べましたがわかりません。保健所や医院に連れて行くと、「お母さん、神経質なのじゃないか」と言われ、軽くいなされるだけです。当時は、医者でも「点頭てんかん」を知っている人が少なかったのです。

また、その時代は核家族化が進んでいて、身近に育児の相談ができる人がいないこともあり母親たちは混乱していました。丁度、育児ノイローゼを戒める松田道雄の著書「私は赤ちゃん」がベストセラーとなっていました。その本を読んで、「神経質だと言われたし、やはり気のせいなのかなー」と、自分の都合のいいように解釈し、気にしないようにしていました。

しかし、十カ月を迎えた頃、子守のおばさんが「恭子ちゃんは、おどけものだよ、目を白目にしたりするから、お茶飲み仲間で笑った」と言っていたことを、ずうっとあとになって思い出しました。その時は、気にも留めずに聞いていたのですが、あれは「点頭てんかん」の発作、落陽現象だったのではないかとハッとしましたが、あとの祭りです。「点頭てんかん」は、発作が起きる度に脳が傷付けられるので、発育が一進一退だったのも納得できます。

一歳児検診では、保健師はぐにゃぐにゃした身体を見てクル病だとし、整形外科に行くようにすすめられ、かかり付けの医者からは、「たいしたことない、家の息子は、二歳になってから歩いた」「色々な人がいますよ」と言われました。

恭子　一歳　一九六四年

・診断が下る

私は、第二子の長男を身籠って産休に入ってはじめて、ゆっくり恭子と過ごす時間を持つことができました。日頃育児は、子守のおばさんに任せきりになってしまっていました。当時の学校は、男性教員は宿直、女性教員は日曜日に日直があり出勤しなければなりませんでした。女性教員は三名だけだったので、月一、二回は、日曜日も出勤でした。たまの休みとなる日曜日には、日頃やれない家事で忙しく、子どもをまともに観察したことがなかったのです。

同じく教員をしている夫は、その頃女子バレー部の顧問となり、土日も家を空けることがよくありました。熱心な教員として生徒や同僚の評判が良く、夫は教員としての仕事に前のめりになっていました。家庭と育児のバランスは、私が図らなければなりません。

産休は、仕事に傾いていた日常を修正できるチャンスです。しかし、産休に入って安らぐ気持ちも束の間、恭子の這い這いの様子をよく見ると、左右の進み方が違うことに気付きました。

それまで小児科や内科に行っていたのですが、整形外科を受診してみると、整形外科医には、「筋無力症かウエルドニッヒ・ホフマン病かもしれない。大学病院で検査を受けるように」と言われ、仙台の大学病院の整形外科に行くと、「小児科で診療を受けるように」と言われました。

夫はその医者の指示を聞いてから、毎晩外で飲んで来るようになり、ますます遅く帰るようになっていきました。母親としての私の辛さをおもんばかることもできず、ただ現実逃避し、投げやりになっていたのでしょう。私は、「娘の病気に立ち向かうために、共にこれからどうするかを話し合いたかったのに……」と、情けない気持ちでした。

大学病院の小児科で検査入院し、恭子に「脳性小児麻痺で両上下肢機能損傷・点頭てんかん」との診断が下りました。

「おそらく、生後初期に髄膜炎か脳炎にかかって、七カ月頃から点頭てんかんが起きていたはずです。点頭てんかんが起きる度に、脳を傷付け発達も遅れます」と言われました。今思えば、種痘後遺症脳炎を患ったのかもしれません。種痘の跡が化膿して高い熱が出ましたが、その時は誰も気にしませんでした。主治医からは、「治療法は確立されていないが、アクサ療法をしましょう」と再入院をすすめられました。

この最初の検査入院当時、私は第二子を身籠り、臨月でした。大きなお腹で恭子の検査のために泊まり込みの付き添いをしました。その無理がたたったのか、出産時に大出血してしまい、生まれた息子と共に一カ月も入院してしまいました。その間、検査入院から退院した恭子は、夫の実家に世話になり、姑や義姉たちが懸命に療育にあたってくれました。

その後、一九六六年一月、恭子は点頭てんかん治療のために藁をもつかむ思いで再入院しました。不憫ではありましたが、六カ月になったばかりの長男を実家の母に預けて、恭子の治療入院に付き添いました。

実家では、父や母、妹が懸命に育児にあたり、愛しんでくれ、還暦を過ぎた父が、お馬さんになって長男を背に乗せ遊んでくれている写真を見た時には、父の子どもたちには見せなかった姿に、深い愛情を感じました。

勤務先の学校では、最大限の配慮をしてくれて休暇を取ることができました。迷惑をかけま

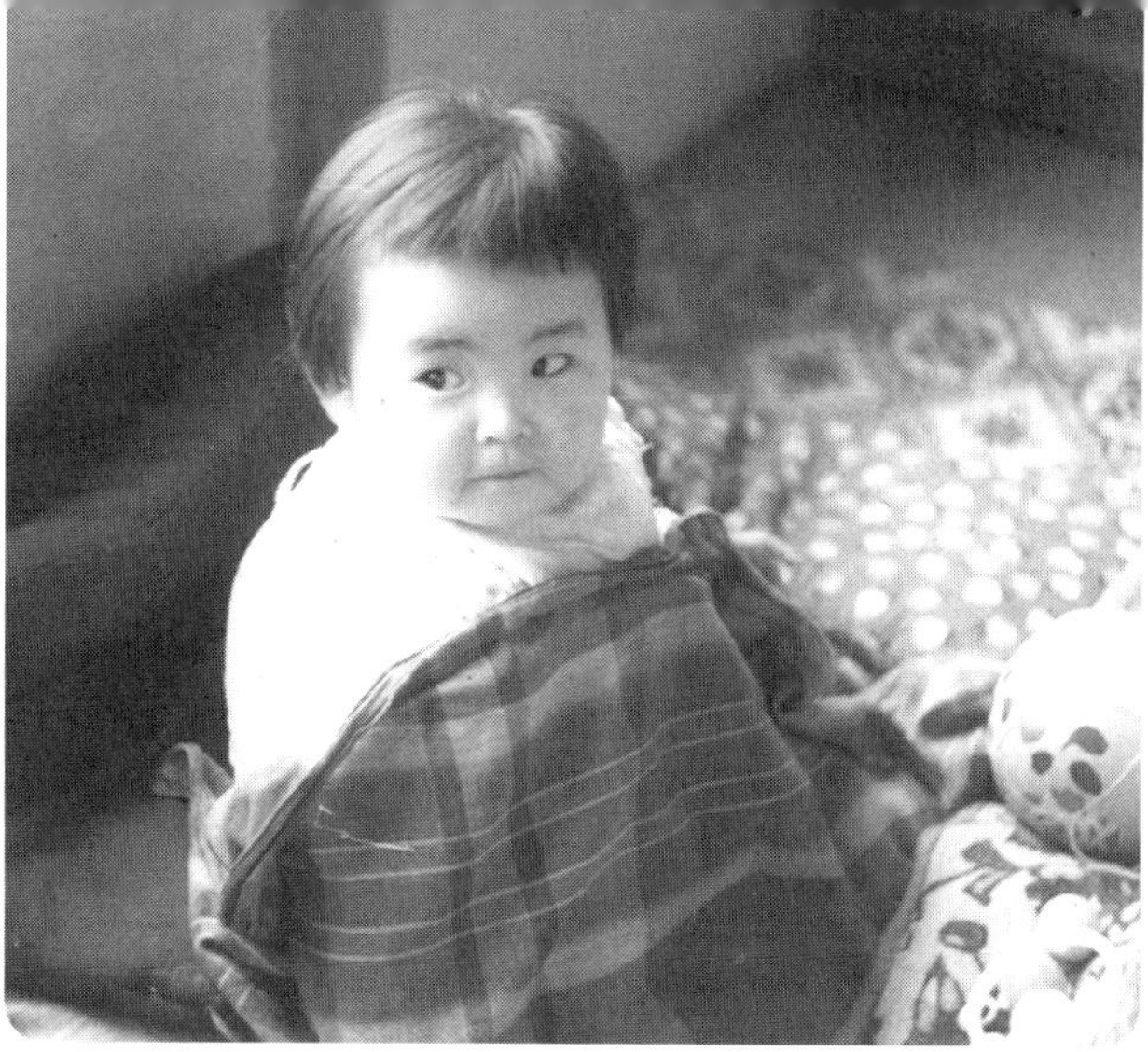

したが、「入院すれば治癒されるもの」と、微かな希望を持ってのことでした。
当時、点頭てんかんは治療法が確立されていませんでした。医者は、何とか道を見付け出そうと検査、検査で様々な薬を実験的に投与しました。泣くことも知らず、痛くても声をあげられない恭子にとって酷なことでしたが、医者は、「障害があるのだからリスクもしょうがない」とばかりに、麻酔をかけないで脊椎から水を抜き、薬を注射する治療をしたりしていました。親としても、様々な実験的治療は藁をもつかむ思いで承知するしかありませんでした。
アクサ療法は有効と言われましたが、かえって発作を誘引してしまい、頻繁に点頭てんかんが起きるようになってしまいました。格子がはめられた狭いベビーベッドの上で終日過ごしているような日々の中で、表情豊かだった恭子は無表情になっていき、つかまり立ちもできなくなってしまいました。入院時には、立たせればベッドサークルの周りをつかまりながら横に移動できていたのに……。

当時の医療は、命を守ることが優先で、重い障害がある人の人権や生活権を守る視点での病棟の環境整備はまだできていませんでした。運動能力を獲得すべき大切な時期に、三カ月も入院したことは大きく悔いを残しました。

結局、実験的な治療をくり返したあと、「重症心身障害児です。五、六歳ぐらいまでしか生きられないでしょう」と宣言され、私は、今後どうするか考えなければなりませんでした。

夫は、この入院時の体験を小説に書き、河北新報の短編文学賞を取り、多くの人の感動を呼びました。しかし、「感傷的な自分の思いを表現しているのはいいが、その前にすることがたくさんあるだろう」というのが、私の心境でした。私は、これからどう育てるべきかを考え、恭子のために闘わなければなりませんでした。

恭子　三歳　一九六六年

・リハビリ開始

学校に特別休暇を申し出て、「県立整肢拓桃園」で始まったばかりの「脳性麻痺児母子訓練事業」に参加しました。訓練は、原則三カ月間、母子共に入院し療育を学ぶものです。再び実家の母に預けました。

しかし、医者から、「てんかんで知能が著しく傷付けられている人は、訓練をしても意味がない」と一カ月で出されてしまいました。確かに、恭子は無表情になってしまっていたので耳も聞こえず目も見えないと疑われるほどでした……私は「切り捨てられた」気がしました。そして、医者から、「あまり悲愴《ひそう》にならずに、次の子を産みなさい」とも言われました。

ポリオや、股関節脱臼の人や、ポリオ後遺症など、知的障害やてんかんが伴わない軽度の人の訓練は継続するとのことでした。「効率」を考えたのでしょう。参加している母親たちも、互いの子をランク付けして、重い障害のある人をプログラム遂行の足手まといとばかりに疎む風潮がありました。

当時の私は、「人に迷惑をかけたくない」と必死でした。差別されている人が、また他人を差別する。情けないですが、みんな辛いから、人を差別するのです。一方で、世の中そんなもんであると、腹も立たない自分がいました。私は、致し方なく退園のすすめに応じました。

途方に暮れて児童相談所に行くと、整形外科の先生が装具を作ってくれました。ぐにゃぐにゃの体幹を矯正し立位を保持するために、胸に装着するコルセットと重い台に固定された足の付け根までの長い靴です。

しかし、長い靴に足を固定すると、身体は前屈し半分に折れ曲がってしまい、付き添って手で支えてやらないと危険です。乳児を抱えながら、一定時間毎日続けることは難しかったし、訓練の効果も疑わしく、胸にはコルセットを常時装着するように言われていましたが、コルセットは金具や皮革でできていて、幼児にはどうかと思うものでした。福島から様子を見に来てくれていた父が、「こんな気慰《なぐさ》みでしかないような器具を作って……何にもならない」と悲しげに

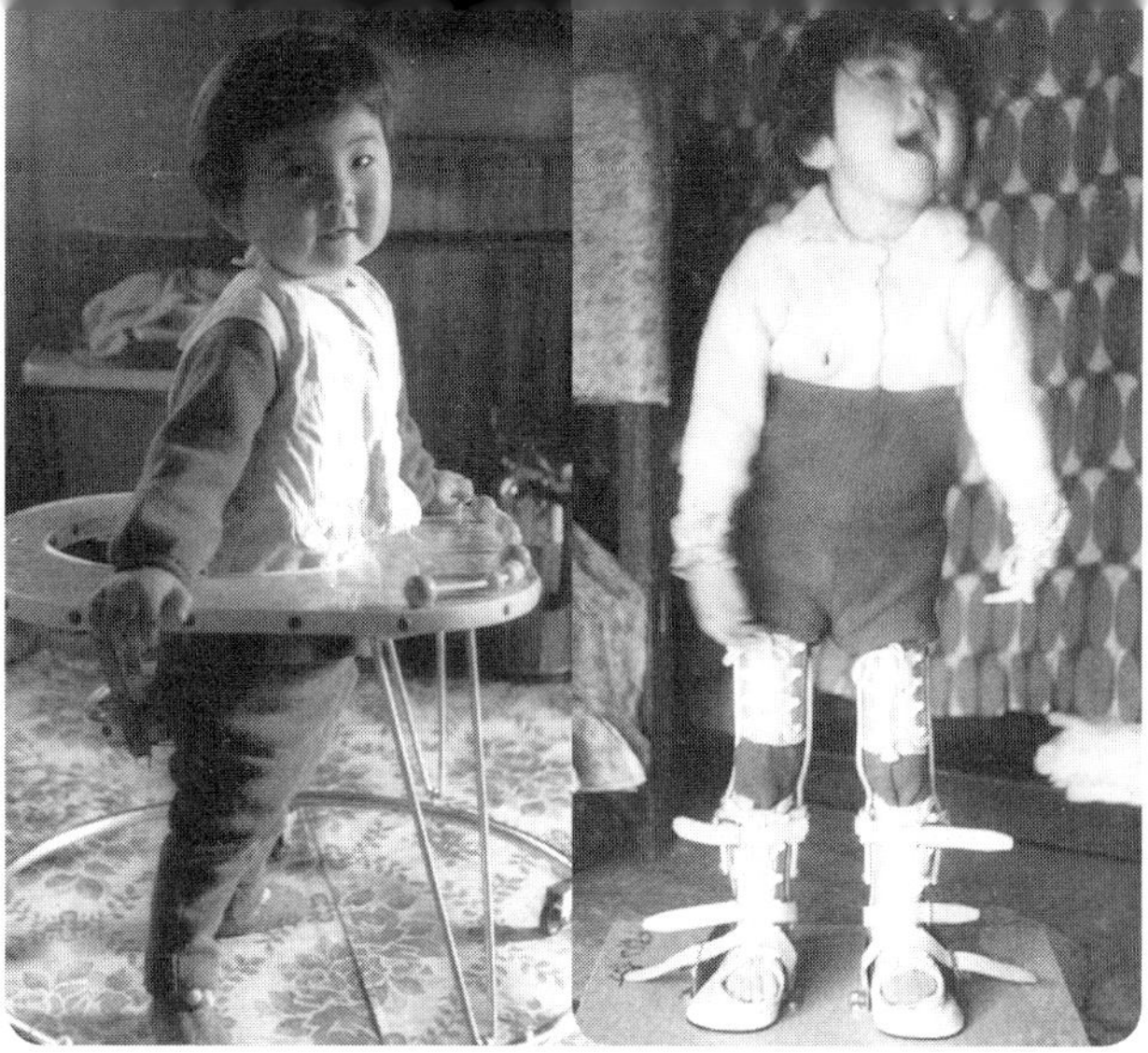

言っていました。

私は、医者の指示に従ってみようと、しばらく装着させていました。しかし、てんかんが起きる度に金具が胸を締め付けて苦しそうです。しばらくして、肺炎を起こしたのを機に、取り外しました。この時私は、「矯正するよりも大切なことがあるのじゃないか」と思いました。

重症児という烙印を押されて、五、六歳までしか生きられないなら、私がやれることは、とにかくおむつをいつも綺麗にしてやって、心地良くしてやること。そして、時間がかかっても、確実にバランスの取れた食事を与えることだろうと思いました。もう、焦らないことにしました。

そして、育児に専念するために教職を辞めました。私は、退職して大学病院のある仙台に転居し、恭子の療育に専念することにし、夫も仙台の定時制高校に転勤しました。

・家計が苦しい

夫は、働きながら定時制夜間高校で学ぶ生徒のために、また鬼となって奮闘し始めました。夫は、次々と新しいことに挑み、突っ走り、とにかく人を巻き込んでしまいます。そして、みんなを仕切りたがり、みんなが困っていても意に介さずに夢中になる……私は、そう冷ややかに思いつつも、まんざらでもなく、毎日家で介護に育児、おさんどんの日々で、お金も時間もないのに、おでんや豚汁を作って、家に来る生徒たちをわずかながら励ますことができることを喜んでいました。仕事にまっしぐらな夫に感心していました。夫は、子育ては私に任せっきりでも、担任として生徒の面倒はよく見る良い教師です。

しかし、二人の給料で暮らしていたのが、夫一人の給料でまかなわなければならなくなったことや、医療費がかかるようになったことで、家計が一気に苦しくなりました。当時は、福祉手当や、障害者手当や医療費補助もない時代です。高額の医療費がかかる脳波検査をした月は、食べるにも困ることがありました。まさに爪に火を点す日々でした。「貧乏というのは、こういうことなのか」と思いました。

夫は、定時制夜間高校の教員として勤めながら、昼間はアルバイトで予備校の講師や、私立高校の教員も務め、懸命に働いてくれました。しかし、夫はあまり丈夫ではなく、よく扁桃腺を腫らして高熱が出たり、嫌なことが続いて疲れると、リュウマチで手足の関節が腫れてウンウンうなったりしていました。そんな時は、看病しながら不安で一杯になりました。

夫は、自分のペース、やり方にこだわり、学校組織での仕事はきつそうでした。細かいことに神経を使ってストレスを溜め込み、爪が割れ関節が痛みます。無理をさせられない身体でした。しかも夫は、自分が好きなことだと、寝食忘れて夢中になってしまう人で、バランスが取れなくなります。体調に響くのでいつもハラハラしていました。

私は自分が働きに行けないので、彼が機嫌良く働けるように、一番心を砕いていました。

・娘の命を守ることで精一杯

育児も家事も何もかも、私一人でするしかありませんでした。そのうえ、重症心身障害児の育てにくさを分かち合える人がいません。退院してから、恭子は頻繁に起きる発作で脳が傷付けられ、退行していくばかりでした。しかも、弟である長男が歩き出すと、やきもちが焼けるのか、よくじれて泣いていました。

言葉にできない悔しさの表現なのか、家の中を転がって移動するようになり、襖を破ったりもしました。長男をベッドサークルに閉じ込めて、泣き止まない恭子を背負って、外に出て気分転換を図るのです。どちらもかわいそうでした……。

仙台に転居して最初に住んだ家は、義理の姉の家に近いので何かと助かると思い選んだのですが、通院にバスと電車を乗り継いで行かねばならず、不便でした。

酒屋で配達に忙しい義姉をそうそう頼るわけにもいかず、私は、大きな恭子を背負い（まだバギー車のような便利なものは出回っていなかった)、おむつや、タオルなどの大量の荷物を持って、長男の手を引いて、徒歩とバスと市電を乗り換えながら病院に通わねばなりませんでした。しかし、どんなに大変でも、通院は確実にしなければ、てんかんの薬を切らしては、命を落としかねません。

しかも、大学病院は一日がかりで、私も子どもたちも疲労困憊でした。長い間待たされ、院内食堂で食事をするのですが、恭子は食堂に入ると、美味しそうな匂いや隣の人が食べているものを見て、待っておられず大声をあげます。

待合室にゆとりでもあれば お弁当を作って来てゆっくり食べさせたいのですが、そんなスペースはなかったし、長男にすれば、食堂でご飯を食べるのが唯一の楽しみで姉の通院に付き添っているのです。長男の楽しみを奪えません。

嚥下が下手な恭子に食べさせるには時間がかかり、まだ三歳にもならない長男は、じっと待っているうちに椅子に座ったまま寝てしまうのでした。

恭子　四歳　一九六七年

・二度目の引っ越しで恭子が肺炎に

しばらくして、義姉が義母と一緒に住んでくれることになりました。本来なら、長男の嫁である私が面倒をみなければなりません。義姉から、「母が住んでいた古い借家を片付けるように」そして、「家賃が安く通院もしやすいから、その家に住むように」と言われました。「すでに大家さんには頼んでおいた」と。義母はリュウマチで、掃除も行き届かなかった古い家です。私は、第三子を妊娠している身でした。古い家の片付けに夢中で、つい恭子の健康管理がおろそかになってしまい、恭子は埃を吸って肺炎になり、入院となってしまいました。

今のように医療費補助制度などはなく、入院費を払えるかが心配で長男には辛抱ばかりさせました。実家に借金を申し入れたら、すぐに送ってくれましたが、苦労を知らない母と妹は、入院費も蓄えられない実態を理解できず、「引っ越し貧乏」とか「貧すりゃ鈍する」と言われました。無神経な言葉に、悔しくて、情けなくて、私は給料日になるとすぐに借りたお金を送り返していました。

恭子は、毎日点滴で命をつないでいましたが、このまま寝たきりにはさせたくありませんでした。熱も引いたので、医者に願い出て、思い切って退院させることにしました。

長男と二人で恭子の病院食を分け合いながら付き添った看護の日々は、忘れられません。病院の向かい側に果物屋があり、果物が大好きな長男は、ねだることもせず、じっと見つめて食べたそうな顔をしていました。しかし、買ってやることはできません。私の意地で、長男にひもじい思いをさせてしまったのです。その時のことを思い出すと、胸が締め付けられます。それでも、長男は明るく賢く育ち、光を放っていました。

退院してからは、牛乳や卵やチーズをまぜた柔らかいパン粥や、リンゴや桃のすりおろしなどを時間をかけて口から食べさせると、恭子はみるみる元気になっていきました。口から食べることの大切さを、つくづくと感じました。

●一九六三年〜一九六七年　重症心身障害児（者）の福祉の始まり

一九六四年、高度経済成長の社会の中で、核家族化が進み、父親たちは働き蜂のように働き、子育ては母親が一人で担わなければならなくなった時代、重い障害児を一人で育てるというのは大変なことでした。養育に疲れ、世間の偏見に負けて、子殺しや母子心中などの事件が次々起きました。

そこで、東京日赤病院の小林先生のもとに、子どもの通院を続けていた北浦雅子さんを中心とした重い障害のある子の母親たちのグループが、「重度な子も医療や訓練を受けられるように施設がほしい」と、国に法制化を訴えるために、「全国重症心身障害児（者）を守る会」を結成しました。初代会長は、夫の北浦貞夫さんです。

全国社会福祉大会では、「重症児対策の理念は、憲法に保障された基本的人権としての生存権の問題として考えなければならない」と訴え、朝日新聞は、「おんもに出たい」キャンペーンを実施しました。また、森繁久彌や伴順三郎などの芸能人たちが、「あゆみの箱」運動などで世論を盛り上げました。

一九六五年、「宮城県重症心身障害児（者）を守る会」が結成され、重心施設を誘致する運動をし、仙台でも、一九六七年、国立療養所の病院のがら空きになっていた結核病棟に、ベッド四十床が設けられました。しかし、介護の人件費はあまり考えていなかったらしい、いや、かけられなかったのです。国立病院の生き残り策でもあり、すでにいた結核病棟の医者や看護師の活用策でもありました。高度経済成長に向かう折で、都市化、核家族化が進み人手不足でもありました。専門職以外の介護にあたる人は、安く雇える無資格者や一般の人のボランティアをあてにしていました。ある施設では、「秋田おぼこの大量就職」として貧しい農村の少女を雇い、美談として派手に報道されたりもしました。

子どもの行く末を心配し、施設入所に希望を見い出したいと入所を心待ちにしていた人たちにはありがたいことで、救われた人もたくさんいた時代でしたが、私は納得できませんでした。

2章

五歳～七歳

重症児の長女と長男、次男との生活

恭子　五歳　一九六八年

・「入所施設には入れない」

恭子が五歳、長男が三歳となり、私は、第三子を身籠っていました。その頃、保健師が家に来て、「国立の結核療養所に重症児病棟ができたから、恭子さんを入所させないか」とすすめられました。家族救済のつもりで、善意からの言葉なのでしょうが、「こういう子がいると、弟さんがかわいそうですよ。学校に行く頃になるといじめられるし、結婚にもひびく……」。

当時の施設の考え方は、まさに、障害児は不幸な存在、周りを不幸にさせる存在とされ、「手のかかる障害者を排除し収容する家族救済」が、前面に出ていました。しかし、恭子の命の尊厳を踏みにじられるわけにはいきません。私は、「恭子を社会から隔離するっていうこと？それは子捨てじゃない」と反発し、「入所施設には入れない」と、心の中で誓いました。

「娘さんを施設に入れれば、訓練もできて幸せになりますよ」という言い方であれば、入所させていたかもしれませんが、「このようなお子さんは、五、六歳までしか生きられないでしょう」と言われ、「訓練不可能児」と言われました。

それならばなおさら、母親としては、できるだけ手元に置き育てたかった。「恭子がいることがマイナスなら、プラスにしてみせる」と。少ない情報の中での判断でしたが、間違ってはいなかったと思います。近所の人とお茶飲みや立ち話をする時間もなく、情報はテレビと本、新聞のみ、電話もなかった、孤独の中での判断でした。

第二子を懐妊してまもなく、突然児童相談所の職員が訪ねて来て、私の妊娠をどこかで知り、何を根拠として言うのか、「また不幸な子が産まれるかもしれない」「そうなればもっと余計な苦労をするようになる」と、暗に中絶をすすめてきました。「障害は遺伝による」という偏見があるらしい……。

義姉も、「二人の子育てだけでも大変なのだから」と中絶をすすめ「優生保護法で簡単に手術できるよ」と言いました。義姉は、巷で経済的理由で中絶する人が多いことを知っているので、軽い気持ちで言ったのでしょうが、福祉事務所の職員には言われたくありませんでした。「生まれてくる子どもは、どんな子でも天からの授かりものなのに」と悲しく思い、こんな大事なことを他人事のように言うことに腹が立ち、「とんでもない法律ができた」と思いました。

私は、それらの助言を振り切って第三子を産み、そうして生まれた次男は立派に育ち、今、私の一番の理解者です。

・郊外の市営住宅に、三度目の引っ越し

次男が生まれる少し前、大家さんから、「古い家を壊して新築したいので、できたら立ち退いてほしい」と言われました。夫は、「新しく郊外にできた安い家賃の市営住宅に引っ越そう」と。片付けのために頼まれて住んだような、古い家には気が滅入りましたが、引っ越しもエネルギーを使います。できたら引っ越しをしたくありませんでした。土地勘もなく、まだ家には車もありませんでした。

しかし、夫に、「バスも出ているし、新しく綺麗で、風呂もあるから」と強引に言われ、従わ

ざるを得ませんでした。

引っ越してみると、バスは一日に数本しか運行していませんでした。午前の大学病院の受付には間に合わず、タクシーを使うほかありません。また夫は、夜間高校の教員なので終バスに間に合わないとタクシーで帰って来ます。そんなことも予想できなかったのだろうか……と呆れるのですが……家賃より高いタクシー代が生活費を圧迫しました。

そこで、夫が運転免許取得を目指しました。しかし、教習所に通う資金がありません。幸い夫の職場には様々な技能者がいて、自動車学校の教員もいました。その人の手ほどきで、努力家の夫はほぼ独学で免許を取得し、借金で車を買いました。車通勤をするようになったのも束の間、夫は事故を起こし、車は大破してしまいました。私は、また実家に頭を下げなければなりませんでした。

引っ越した先には、遊具がそろった公園があったので、長男に友だちができるだろうと期待もしていました。

私が恭子を公園のブランコに乗せて遊ばせていると、子どもたちが寄って来て、「どうして歩

けないの?」と聞き、私が説明します。そんな時の子どもたちは、素直で優しさに満ちていて、問題がないように見えました。

しかし、子どもたちは、正直で残酷でもあります。大人のいない所で、息子はいじめられていました。「あんたの姉ちゃんは幽霊みたいだ……」などと姉のことを蔑《さげす》まれ、まだ三歳だった長男は、姉の名誉のために立ち向かい、相手の顔面に砂を投げ付けて、怪我をさせてしまいました。息子に、辛い淋しい思いをさせてしまいました……。

その時の私の対応と夫の対応は違っていました。優しい夫は、「恭子を外に連れて行くな、わざわざ身をさらすこともない」と。私は、「日光浴も必要だし、ありのままを理解してもらいたい」と思っていました。

ご近所に謝って歩かなければなりませんでしたが、私は、恭子の存在を隠して、こそこそと育てることをしたくありませんでした。できるだけの説明をして、息子にも強くなってもらいたいと思いました。ご近所の人にも慣れてもらうしかないと思いました。しかし、長男の心のケアを十分にする余裕がなかった私がいました……。

・一時預かりで入所施設へ預けたが……

国立療養所の病院の重心棟に、緊急一時預かり制度ができました。恭子を永久に入所させるつもりはありませんが、長男の出産時のように、私が周産期に無理をして倒れるわけにはいきません。割り切りも必要です。安全を考えて、恭子を一時預けることを決意しました。

しかし、相談に行った初日のことを忘れることができません。医者との面談の際、時々、看護師やＰＴ（理学療法士）や指導員が覗きに来ては、恭子の体重を気にしていました。あとで聞くと、「三十五キロ以上の人は預かりたくない」と職員たちが騒いでいるとのことでした。人手不足の中で、腰痛になることを恐れてのことでしょう。幸い、恭子は二〇数キロしかないので預かってもらえましたが、職員も負担が大きく苦しいのだと、善意だけではできないのだということもわかりました。

当時は、そんな差別をせざるを得ない安上がりの預かり事業でも、家族支援の視点があり、ありがたいものでした。恭子が適応できるだろうかと心配で葛藤がありましたが、産前産後の三週間、合わせて六週間の育児を託し、預けることにしました。

恭子は、全介助ですが、家では普通食を食べ、食事の好みも出てきていました。毎日背負って散歩に連れ出していたので顔色も良かったのですが、施設にいたわずか二カ月に満たない月日の中で、環境も文化も違う所に預けられたショックなのか、心を閉ざした無表情の顔付きになってしまいました。また、過栄養、運動不足、日光浴不足が原因で、色白で別人のように肥った恭子になっていました。

施設では、柵のあるベッドで終日を過ごします。躄《いざ》ったり寝返りもできません。身体はすっかり硬くなって、それまではできていたことも、できなくなっていました。食事の時間は、人手不足のためか数人をベッドに放射状に仰向けに寝せたまま、ツバメが子どもに餌を運ぶように、粥も刺身も煮物もいっしょくたにしたミキサー食を交互に流し込みます。食事を楽しくするという視点がなく、ただ、薬か餌を与えるかのような食事風景でした。それでは命は守れますが、心は育ちません。

わが家では、家族とテーブルを囲み、みんなと同じメニューで、スプーンで一口一口、咀嚼や嚥下を確認しながら時間をかけて本人のペースで与えていました。「家族揃って食べるので美味しいね」とか、「酸っぱいね」「甘いね」などの会話をしながら食べるので、共感も生まれ、食卓は楽しい場となっていました。

しかしながら、一回の食事には二時間もかかります。その間、恭子の体幹を少しでも立てて食べ物がのどを通るように、ずうーっと抱いて食べさせなければなりませんでした（当時は姿勢保持椅子などなかった）。

もちろん、自分も食べながら介護するので、私は行儀の悪い早食いになってしまいました。弟たちにも食事マナーなどを厳しく教えることはできませんでした。それでも、みんなで楽しく食べたのは確かです。そこが、ベッドの上で食べる食事と家庭での食事の違いかもしれません。

施設では、家庭と同じようにはできないのは理解できましたが、当時は、重い障害のある子の食事介護のノウハウも確立されておらず、誤嚥性肺炎などの認識は薄かったようで、亡くなった入所者もいました。

結核病棟時代のスタッフが多いこともあり、感染症には過敏で、風邪などをひかないように真綿でくるむように暖かくしてくれるのですが、外に出すこともありませんでした。

姿勢管理などもおろそかで、一日中ベッドに寝せられていました。分厚い布おむつを五、六枚当てて外に漏れないようにし、濡れても時間が来ないと（四時間おき）取り替えません。入浴も人手がないので一週間に一度だけです。大浴場で数人が流れ作業的に介護していました。まだ、ＱＯＬの考え方などありませんでした。やはり、施設の生活は「普通じゃない」と私は感じました。

しかし、そうは言っても、一時預かりのおかげで次男を無事に出産できたのです。感謝以外の何物でもありません。

それでも、家で過ごせば人の出入りがあり、家族に背負われて散歩や買い物にも出ます。弟たちが賑やかに遊ぶのを見て刺激を受けて、様々な意欲が育ちます。やっぱり、「入所はさせたくない」と思いました。

・お風呂がない中心部に、四度目の引っ越し

市営住宅は新しい建物で、家賃が安く綺麗でしたが不便です。妊婦が一人で五歳の重い障害のある恭子を背負いながら、三歳に満たない長男の手を引いて、おむつやタオルの入った大きな荷物をかつぎ、バスを乗り継いで大学病院へ通うのは大変でした。ヘルパー制度などはまだありませんでした。夫も、仕事で通院に付き合う時間を生み出せません。

そのうち、彼なりに心配していたのでしょう。過酷さに気が付いたらしく、次男が生まれたことをきっかけに、夫は、「また引っ越しをしよう」と言い出しました。市営住宅に引っ越しを

して半年もたたないのに、「もう決めてきた」と言います。

夫は、いつでもこちらに相談もしないで、衝動的にことを決め、言い出したら聞きません。引っ越しの荷造りも、私が育児の合間や夜中に全部やらなければならないのにです。夫は、仕事で忙しく当日しか手伝わない……それがどんなに大変なことか、夫はわかっていない……。

私は、引っ越しはもうこりごりだと思いながらも、通院の苦労を考えると逆らえませんでした。一家の大黒柱の夫には、機嫌良く働いてほしかったのです。だから、私はいつも彼の言い分を聞いてしまう……。

夫は、「今度こそは大丈夫だ。街の中で大学病院はすぐ近くだ。庭もあり、家賃も安い」と言います。まだまだ街の中心部は住宅不足でしたから、「よく見つかったなあ」と思いながら引っ越しをしてみて驚きました。「お風呂がない」のです。呆れて夫をなじると、「風呂はすぐ隣にある」と、確かに庭の塀越しに銭湯の裏庭が見えました。

しかし、銭湯に行くには、数百メートルは歩かなければなりません。「どうやって一人で連れて行くのだ」……市営住宅にいる時は、私が三人の子を一人でお風呂に入れていました。それも、自宅のお風呂だったから何とかできたことです。夫には、それがどれだけ大変なのかを想像することもなかったのでしょう。「子どもが寝付いた頃帰宅する夫が、気付かないのも無理もないかもしれない……」と、私はすぐに許して、気持ちを切り替えてしまうのでした……。

実際、銭湯通いは大変でした。四歳の長男に留守番をさせて、次男と恭子を代わる代わる連れて銭湯に連れて行きました。

天気のいい日は、長女を背負い（体幹がしっかりしない大きくなった恭子が乗れる乳母車はなかった）、次男を乳母車に乗せ、長男の手を引いて四人で行きました。そんな時の入浴は、長男に脱衣所にいてもらって、まだ生まれて六カ月のお座りがしっかりできない次男や、体幹がぐにゃぐにゃの恭子を代わる代わる洗い場に連れて行き、片方の子を大急ぎで洗って、交代で入浴させました。長男は、四歳にして私の片腕でした。

あまりに大変だったので、私は大家さんと交渉して自費で土間を改造して、お風呂場にしました。しかし、それはそれで狭い台所に風呂釜がむき出しで、うっかり子どもが触ってやけどしないかとハラハラしました。洗い場も狭く、脱衣所もなく不便でした。

恭子　六歳　一九六九年

・恭子の食事

恭子に食事を食べさせることは、時間も手もかかりましたが、すぐに経管栄養摂取は考えませんでした。

パン粥や、潰し食を少しずつ口に入れますが、何回も何回も口から出てしまいます。何回も口から出て来るものをスプーンで戻し入れてやります。子ども茶碗一杯の一回の食事に二時間はかかり、朝、昼、晩で六時間ぐらいは食事介助にさいていました。そして、風邪や気管支炎にかかると一層飲み込みが悪くなるので、桃やリンゴを摩り下ろしたものや、重湯を少しずつスポイトで垂らして摂取させました。

恭子は、噛むことができませんでしたが、だんだん噛むことの楽しさを覚えて、時間はかかりますが、薄切りにしたり、スプーンで軽く潰せば食べられるようになりました。そして、半分は口の外に出てしまっていたのが、飲み込めるようにもなりました。

私は、どんなに時間をかけても、様々な工夫で口から確実に食べさせることにこだわりました。食事に手を抜かないことは、母の教えです。大変苦労しましたが、それが効を奏して、今では普通食を食べ、病気をしない身体になっています。

しかし、下の二人の子どもたちは犠牲になりました。その頃は、ぐにゃぐにゃしている恭子を赤ちゃんのように抱っこして座卓で食べさせるしかなく、二時間以上抱いていると、結局、下の子は放りっぱなしになります。

恭子を座って抱っこしていると私はすぐに立てず、誰かが玄関に来ても、下の子がお汁をひっくり返しても、長男に「玄関を見て来なさい」「布巾を持って来て拭きなさい」「電話を取りなさい」となるのです……。

・きょうだいたちに感謝

次男が生まれてからは、子どもたちを散歩に連れ出すこともできなくなりました。私は、自分のために座ってほっとお茶を飲む時間もなく、日々、無我夢中に過ぎ、長男に目配りができませんでした。

七人きょうだいの真ん中で育った私は、幼少の時、愛情に飢えていました。母の膝の上に座りたくても弟妹のために我慢して指をくわえていました。しかし、そんなことなどすっかり忘れていました。その頃の長男を思い出す度に、かわいそうだったな……と胸が痛みます。申しわけなかったと……毎日毎日心の中で詫びます。

長男が四歳五カ月の頃、私が、次男の世話をしていて目を離したチョットした隙に、友だちを求めて家を出て歩き回っていたらしく、バイクにはねられそうになったこともありました。恭子にばかり手がかかって、下の子どもたちは欲求不満になり、寝少便をしたりもしました。一時期、チック症状も出ていました。フラストレーションの危険信号です。自分の幼児体験を思い出し、駄目だなと……しかし、どうしようもありませんでした。

幼い長男を必要以上に大人にしてしまったことを、今でも悔いています。

私は、息子たちがかわいそうで、悩んだあげく、ダブルの大きな布団を作って、恭子を右脇に、一歳の次男と四歳の長男を左脇に、四人で寝ました。そして、毎日一緒に童謡を歌い、手遊びや、本の読み聞かせをしました。毎日毎日、そういう生活をしていました。

遊園地などには、ほとんど連れて行くことができませんでしたが、大きな声で一緒に歌を歌うことで、私も癒されていたのです。恭子も、歌えませんが気に入ったリズミカルな部分では笑い声をあげ、いい表情で聞いていました。

夫は相変わらず仕事で精一杯でした。医療費の補助もなく福祉手当もない時代に、家計の不足を補うために昼夜働くのだから仕方がなかったのです。深夜に帰って来て、バタンキューと寝ていました。そんなに働いても貧乏でした。医療費がかかるからです。

恭子の通院治療のためにはお金がかかりました。脳波検査があった月は、食費を詰めなければなりません。お金がなくて食材がなく、夕飯をどうしようと悩んでいた時に、隣に住むおばさんが、蕪の漬物をたくさん届けてくれて、思わず泣いてしまったこともありました。

息子たちに申しわけなかったと長いこと思っていましたが、後年、成人した息子たちが、「ぼ

くたちは、誰よりも童謡や童話を知っていて、友だちに羨ましがられるんだよ。母さんが、そのようにして育ててくれたことを誇りに思っている」と言ってくれました。優しい人に育ったことに感謝しています。

・ヘルパーが派遣された

一九六九年、「宮城県肢体不自由児協会」が、在宅で重症心身障害児を抱える家庭へ、ボランティアによるヘルパー派遣事業を開始しました。その頃、夫が盲腸の手術で入院することとなりました。看病のために、私は、肢体不自由児協会に、ＳＯＳを出しました。窮状を知り、ありがたいことに、週一回ボランティアヘルパーを派遣してくれるようになりました。派遣されるヘルパーは主婦や学生ですが、訪ねて来てくれるとその時だけはホッとして、恭子の見守りと留守番を頼んで、入院している夫の看病に出かけられます。また、長男を連れ、次男を背負って外出もできました。お金もないので、デパートの屋上の観覧車に乗せるのがせいぜいでしたが、子どもたちは嬉しそうでした。

また、私は、ヘルパーと他愛のないおしゃべりができることで救われました。夫は、昼も夜もなく働いているため、私はしゃべる相手がいないことが胸に溜り、子どもに辛くあたることもありました。話し相手になってもらい、どれだけ助けられたか……。

・五度目の引っ越しで、新築の家に

度々、孫の様子を見に訪れてくれていた父が、私たちの住む家があまりにも古く不便なことを心配して頭を痛めてくれていました。そこで、父の資金援助で家を建てることになったのです。まだ結婚していない妹もいて、老後が心配な母と衝突しながらも、実家の店を売却した資

金を用立ててくれることになりました。

夫は、渾身の力を出して家を建てました。彼の人徳なのでしょうか、土地探しから何から何まで同僚たちが心配してくれたおかげで、安心の家を手に入れることができました。三部屋を学生に貸すことで、実家への返済資金を生み出すこともでき、生活も楽になりました。


長男は、自分で歩いて通える、家の角を曲がって田んぼの一本道の先にある幼稚園に通えるようになりました。送り迎えもいりません。長男はいきいきと楽しんで通っていました。

まだ二歳だった次男までも、いつの間にかお兄ちゃんのうしろをヨチヨチと追って行ってしまい、長男の声で、「またいたずらしているから迎えに来て」と幼稚園からの電話が入り、慌てて迎えに行くのでした。

家から五分とかからない場所だったので、恭子を一人置いていっても迎えに行けたのです。

田畑だった所を住宅団地に開発したばかりで、付近には、小川があり、ザリガニや、オタマジャクシがいて、子どもたちの狩猟本能を十分に満足させられました。また、原っぱがあったので、長男は昆虫採集に夢中になりました。十五夜の時には、恭子を背負い、子どもたちとススキやワレモコウをつみながら、「うさぎ　うさぎ　なにみてはねる」などと歌い散歩した時間はとても幸せでした。

弟たちはすくすく育ち、次男は、お兄ちゃんの友だちに遊んでもらいながら、野球に興味を持ち、バットやミットを買ってくれとせがみました。夫も、体調がいいとキャッチボールの相手をするようになり、私は、「わたし」の時間も少しは取れるようになりました。

子どもの育ちにとって、環境を整えることがいかに大切かを身にしみて感じました。

・就学猶予

学齢になると、小学校の先生が訪ねて来て「就学相談がありますから来てください」と言われました。しかし、重くなった恭子を抱いても行けません。車椅子などはもちろんなく、行ったところで、「トイレは全部和式トイレ、おむつはどこで変えるのだろう?」、「学校の椅子に座ることもできない」、考えてみたら「学校に行けるわけがない」「ああ！」と思っているうちに、「猶・予・し・ま・す・か？」と聞かれたので、猶予しました。

次の年また、「お宅のお子さん猶予ですね」と言われ、しょうがないなって思っていました。三年目になったら、「就学免除願いの手続きをしてください」と、自分で国へ免除願いを出せと手続きの書類が教育委員会から届きました。

「ええっ！　なんで！　義務教育って言われているのに」、国から「お宅のお子さんの通える学校がないから、免除させてください」と言うならわかりますが……行政の配慮がなければ通学できるわけもないのです。

問題なのは、最初から「この人たちには教育は無理だ」と決め込んでいることでした。「役に立たない子どもに教育をしても無駄だ」として、枠の外に置いているのです。「圏外」だから仕方がないというような……悔しいですが、免除手続きをしました。

教育者たちは、障害児が通えるようにするために手立てを考えることもなく、ただ時が過ぎるのをやり過ごして、三年目には親に就学免除手続きを迫れば済むとしたのです。怒り心頭に発しました。私は憲法を思い出しました。「恭子の教育権は？」、憲法は国民の人権を守るためにあるはずなのに……恭子と私は、ずうーっと家に閉じこもるしかないのか……。

・友だちが必要だ

弟たちの友だちが家に遊びに来るようになるにつれ、恭子も弟たちの輪に入りたがる様子を見せるようになりました。

ある日、弟が遊びに来た友だちと積み木で遊んでいると、いつもはベッドでおとなしく寝ている恭子が、ベッドから転げ落ちるようにしてずり這いしながら弟たちに近付こうとしました。私は、「ああ、恭子も遊びたいのだなあ、友だちがほしいのだな」と思いました。

また、ある日、恭子が子どもたちの玩具の引き出しを引っ張ったのを見て、「ああ、ただ寝かせていたんではだめだ、この子だってしたいこともあるし、何もわからないんじゃないんだ」。それからは、歌を歌いながら手足を動かしたり、遊びを通しての訓練の工夫をしました。

「恭子の友だちが必要だ。行く場所がないのなら、家で『子ども文庫』を開いて、家に子どもたちが集まってくれるようにしよう」と、私は児童書を買い集め、夜なべをしながら紙芝居を手作りして、子どもたちが家に集まりやすいように心を砕きました。

最初は、もの珍しげに子どもたちが遊びに来たのですが、弟たちが大きくなるにつれ、外遊びばかりとなり、恭子と遊んでくれそうな友だちをつくることはできませんでした。

一方、車を買ったことで、子どもたちの夏休みには、家族全員で海水浴や山の温泉を楽しむことができるようになりました。自然の中に入ると、息子たちの表情はもちろん、恭子は伸びやかで明るい表情になりました。やはり、街中では緊張することが多いのでしょう。

恭子は、何もわからない人ではない、感性は、豊かに育っている。

●一九六八年～一九七〇年　重症心身障害児（者）の人権と経済施策

一九六八年、母子保健対策懇話会から出された「母子保健総合対策の確立に関する意見書」には、「障害児・者の福祉に関わる財源抑制の重要性」が、色濃く主張されました。

旧優生保護法成立のきっかけは、産児制限運動から始まりました。その時代背景としては、「貧乏人は麦を食え」発言で有名な池田勇人首相の経済政策も反映していると思います。当時は、大量の兵隊が戦地から復員しベビーブームが起きましたが、食糧難や物資不足で、みんな生きるのに精一杯でした。経済成長が、最優先課題だったのです。お金も人手もかかる障害者は、社会のお荷物扱いをされがちでした。

そこで、一九七〇年に「心身障害者対策基本法」が制定されました。第三条には、「すべて心身障害者は個人の尊厳が重んじられ、その尊厳にふさわしい処遇を保障される権利を有するものとする」と明示されています。

しかし、その法律制定の根拠をつくるためには、障害児・者の福祉の財源を抑制しなければ実体化しません。そこで、「心身障害児の発生を予防」することが叫ばれるようになりました。

まだ、間違った遺伝学が幅を利かせていた時代でした。兵庫県では、「不幸な子どもの生まれない運動」を推進し、妊婦の出生前診断を奨励したといいます。

何をもって不幸というのかわかりませんが、確かに、重い障害があれば生きにくいですが、不幸だとは断定できません。家族が苦労するからと排除するのは、間違っています。どんな障害を持って生まれてきても、生きていける施策を考えるのが行政の仕事であり、共に生きる市民の度量が問われるのではないでしょうか。

しかし、その時代は、貧困対策が優先され、経済成長のためには障害者はお荷物だという意識が一般的で、人権思想も育っていませんでした。

3章

八歳～十四歳

重い障害があっても地域でいきいきと生きたい

恭子　八歳　一九七一年

・マザーズホーム

長男が小学校入学、次男が三歳になり保育所入所が可能になったので、八歳になった恭子と共にマザーズホームに母子通園することになりました。

どこにも受け入れてもらえず、行き場のない重い障害がある人のためのサービスとして、マザーズホームが週一回の年長児クラス、母子通園を設置していました。

母親たちは、子どもそっちのけでおしゃべりを楽しみ、束の間の自由を楽しんでいるようでした。介護に疲れた孤独な母親たちの寄り合いの場、ストレス解消の場だったのです。母親たちは、ここで日頃の鬱憤《うっぷん》晴らしをして、元気をもらって帰ります。

中には、夫や姑に「障害児は、わが家の家系にはいない」などと否認され、離婚された悲しい体験をした人や、根拠もない偏見で次の子どもを産むことを断念させられた人や、マザーズホームに通うことさえ非協力的な姑や、現実逃避の父親たちに気兼ねしながら通っている人もいて、互いに傷をなめ合い、癒し合っていました。だからこそ、その日だけでも、ただ一人で介護する孤独から解放されるのです。ピアカウンセリングの役割は大きかったと思います。

一方、子どもたちにとっては、特に法的に保障もなく、保母や指導員や訓練士がいるわけではありません。活動はボランティア職員と母親に任されていて、とってもお粗末な環境でした。マザーズホームには、退廃的な雰囲気が漂っていました。私は、「このままではいけない、何とかしなければ」と思い、保護者会会長を引き受けて要望活動を始めました。

まずは、送迎バス設置の運動をし、実現しました。年長組の母親は、大きくなった肢体不自由児を背負ってバスで通うことだけで疲れ果てていましたし、多動な自閉症の子どもの母親は、気兼ねで神経をすり減らしていました。

母親たちの福祉も、大切です。

恭子　十歳　一九七三年

・闘う覚悟は決まった

この頃、家に息子の同級生の母親が遊びに来るようになりました。恭子がこのようになった顛末を話すと、私のことを気の毒そうに見て、「大人になったら、月経時はどうするの、あんたが世話しなければなんないんだよね」と、まるで恭子が汚いものとばかりに言われました。性が解放されていない時代です。月経を、汚いもの恥ずかしいものとして秘する時代でした。そして彼女は、「いっそ入院した時に、そのまま死ねばいがったのにね」……と。

わが子を「死ねばいがったのにね……」などと言われて、怒りを覚えない母親がいるでしょうか。彼女は、目の前の恭子を血の通う人として見ることができなかったのでしょう。確かに、口からよだれを垂らして手足がなえて横たわっている姿を、異様に思う人もいるのでしょう。彼女にはまったくの悪気もなく、すっかり同情した様子でした。

私は、怒りを感じるよりも驚きました。一般の人の障害者理解はそんなものかと……じわりじわりと広がる悲しみと共に、「この世間の理不尽と闘っていかなければならない」と覚悟が決まりました。現状を変えたかったのです。

・教育って何なんだろう……

夫に実状を話し「就学保障運動」のために助力を頼みました。夫は、教職員組合の活動を始めていて、運動の大切さを理解し応えてくれました。

国は、養護学校義務化政令を公布し、一九七九年四月から実施することを決定していました。しかし、教育の概念は確立されておらず、「重症児に教育は必要ない」という考えの人が多かったのです。私は、マザーズホームで出会った赤井沢さんと連れ立って、恭子たちの教育の保障を求めて、市教育委員会を訪れました。

すると、窓口は慇懃《いんぎん》無礼のくり返しで応えようとしません。また、市役所の廊下で偶然に育成会の会長さんに出会い活動の話をすると、「何？　おむつして歩けない人に教育しろと言うの？」と一笑にされ、さんざん嫌味を言われる始末でした。私はその時、脊《せき》が伸び、ねんねこの裾から足がはみ出している恭子を背負っていました。

私は、「教育って何なんだろうな……と、確かに字は書けない。字が書けるようになったり、数を数えられるようにならない人もいる。しかし、字が書けなくても、数が数えられなくても、人としての生きる力を付けることが、教育じゃないのか」と思いました。

そこで、よその自治体ではどうなのだろうと勉強を始めました。そして、新聞の記事を頼りに訪ねた「須賀川養護学校」の斎藤先生と出会い、その実践に感激しました。

重症児病棟のベッドに寝かされていた少年は、目も見えない、耳も聞こえず、歩けず、話もできない、四重苦の知的障害児です。誰にも注目されず、ベッドに横たわっていても存在感がなく、そこを通りかかった誰もが、そこに風呂敷包みが置いてあるというような認識しかなかったそうです。

しかし、斎藤先生は毎日少年の手を握りに行き、あいさつをし、語りかけを始めました。耳が聞こえず、声は伝わりにくいことから、太鼓をたたいて振動を伝えることを続けると、少年は笑みを浮かべるようになり、斎藤先生が近付くことを待ち望む様子を見せるようになったそうです。そして、枕元に置いた太鼓を自らたたき、たたく音の高さや回数で、コミュニケーションが取れるようになったそうです。

私は、「これこそが、教育というのではないのだろうか。教育とは、国や他人が勝手に定めた教育目標にぎりぎり近付けることだけではない。○から一、一から二、二から三でもいい。その人の可能性を引き出し、生きる力を付けることではないか」と思いました。

「そうだ、重症児と呼ばれる者にも、教育は必要だ。恭子だって、弟たちの友だちが来るとその遊びの輪に交ざりたくて躄《いざ》るようになったではないか。寝かせてばかりいて心を震わせる機会がなければ、人はその能力を閉じ込めてしまう。重い障害があるがゆえに、義務教育の機会が保障されないのはおかしい」。私は、そう確信することができました。

しかし、母親の多くは「否定的障害者観」を持っていました。わが子は、社会のお荷物と気兼ねして、「人に迷惑をかけないで育てたい」と考え、外に出そうとしない人が多くいました。教育を望む仲間は少数派でした。

法ができても、社会の理解がなければ前には進めないことをつくづく思い知らされました。

・広報活動

世間には、理解ある人もいました。週に一度ボランティアに子どもを預け、様々な住民運動をする人たちに出会うようになりました。「公害をなくす会」や

「石鹸を広める会」、「憲法を護る会」、「労働組合」、「障害者の就学保障運動」や「障害児の保育を実現する会」の人たちと交流していく中で、運動が正当なものであることを確信しました。

私は、誰もが地域社会に参加し対等に生きる権利があることを、確認し合う場がもっともっと必要だと思い、「宮城県重症心身障害児を守る会」に入会し、夫と共に仙台分会の事務局を引き受け、自宅に事務所を置き、仲間づくりをすることにしました。

しかし、会員は何かを変えようとするよりも、「会に所属していれば何かいいことがあるだろう」ぐらいの気持ちで入っている人が多く、自分たちの置かれた理不尽さを解決するために自ら動こうとする人は、一部の役員だけでした。

そこで私は、「みんな実態がわかっていないのだなー」と思い、広報誌を発行し、広報活動をどんどんやることにしました。

私が原稿を書き、夫がガリ版で印刷し、三百五十人の宛名書きや封入作業を子どもたちに手伝ってもらい、会員たちや関係機関に送りました。その動きに、切手代をカンパしてくれる人も出てきました。この広報活動により、地域福祉を目指したいと賛同する会員が出てきました。

言葉にして伝えることで、眠っていたニーズが目を覚ましたのです。

まずは、「重症児も一人の人間として、教育権を保障してほしい」。教育を受けるチャンスを逃したくありませんでした。理想は、重い障害のある子どもたちも普通学校に入学することですが、受け入れの条件づくりに何年もかかってしまいます。

現実を考えると、教育を受けることさえできなかった在宅重症児の権利の保障のために、養護学校を設置して、「重い障害のある子も教育を受けられるようにすること」が、順序だと思いました。

何事も急速には変えられません。「時間をかけていくしかない」と、覚悟しました。

恭子　十一歳　一九七四年

・息子たち

障害児の母親たちの電話相談が始終あり、私は忙しくなりました。恭子に食事を与え、排泄の世話をしていると、たちまち時間が過ぎていきます。汚れ物が多いので、掃除、洗濯にも時間がかかります。息子たちの学校の父母会どころか、学芸会に行くこともできませんでした。長男がしっかりしていることをいいことに、役員会の時などは弟と二人だけで留守番をさせていました。

「肢体不自由児協会」のボランティアは、引っ張りだこで頼むことができず、近所の人とも親密に付き合う時間もなかったのでなじみがなく、重い障害がある恭子の世話は怖がり頼めませんでした。社協から週一回派遣されてきたヘルパーさんでも、「のどに詰まらせると心配」と言って食事介護を断る人や、骨折すると大変だからと抱き上げようともしない人たちがいて、家庭奉仕員の域を出てはいませんでした。

福島の実家の母は、父が店を閉じたあと下宿屋を始めていて、家を空けることができませんでした。夫の母や姉も、みんな余裕がなくなっていて、頼むことはできませんでした。

長男が盲腸で入院した時には、恭子を見てくれるボランティアが見つからず、仕事の合間に夫が病院に行き見守るだけで、私は付き添ってやれませんでした。かわいそうなことをしました……長男は、不平を漏らすこともなく、たんたんと運命を受け止めていました。

また、ある日、四年生になった長男の担任から電話があり「今度の学芸会は息子さんが主役だから、是非見てやって」とのこと……。

もちろん、私は行きたいのですが、車椅子もなく、十一歳にもなる恭子を背負って行くには距離があり過ぎて難しい。いつ発作が起きるかわからない恭子を、一人家に置いて出かける勇気も持てませんでした。ヘルパーさんは決まった日に来るだけで、本当に必要な時に来てもらえません。夫は、相変わらず仕事優先です。世は高度経済成長期真っ盛りで、家の事情で仕事を休むなど「マイホーム亭主」と揶揄されてしまう時代、簡単には休めませんでした。

なすすべもなく諦めていたのですが、息子の舞台の晴れ姿を見てやれないことが辛い……私は、何とか恭子の食事介助を急いで済ませ、一人ベッドに寝かせ鍵をかけ、全速力で学校へ走りました。ようやく学校に着いた時には、もう息子の出番は終わっていました。一年生の次男の合唱も聴けませんでした。子どもたちには、「上手だったねー」とさも見ていたかのように話しましたが、気が咎めて辛かった……。

また、こんなこともありました。野球好きだった次男に、夫はバットやミットも買って、休日に時折キャッチボールの相手をしてくれていました。五年生になった時、「野球クラブに入りたいからユニホームを買ってほしい」と言うので買い与えました。

しかし、一向にユニホームを着て出かけようとしませんでした。不信に思い野球クラブに問い合わせると、そのクラブでは練習時に母親の付き添いが必要だったのです。

次男は、心配をかけたくないと、私に入会申込書を見せなかったのです。家から外に出ることができない私には、あまりにも情報がありませんでした。私が迂闊《うかつ》だったばかりに、次男に

淋しい思いをさせました。
それでも、息子たちは順調に育ち、次男の通信簿には「明るく元気はつらつ」、長男は「優しくて、思いやりがあり、理想的なリーダーです」などと書かれていました。
息子たちは、二人共、読書が好きで勉強ができました。中学時代はバレーボール部で、二人共、セッターでした。家にはバレーボール部の後輩たちがよく遊びに来て、「先輩、先輩」と後輩たちから慕われていました。
障害のある娘、恭子のおかげで、気配りのできる優しい子に育ってくれたと思います。

・環境整備運動

恭子を背負って運動のために街に出かけるようになって、一番困ったのが恭子のおむつを取り替える場所です。当時は、布おむつなので濡れたままにしておけません。歩けないからおんぶをしていますが、恭子は十一歳で、もう大人の身体になりかけていました。まさか、人前でおむつを取り替えることはできません。

当時の市役所のトイレは、タイル張りで掃除は水洗いでいつも濡れていました。手洗いのシンクに荷物を詰め込んで平らにし、その上に恭子の体幹だけを乗せ、足を私の足の間に挟み込んで転倒しないようにバランスを取りながらおむつを取り替えていました。並大抵の業ではありませんでした。

そのうち、蛇口が自動的に水が出る仕組みに変わってからは、仕方なく、他人のいない隙にビニールとバスタオルをタイルの床に敷いて、床にじかに寝かせ取り替えていました。恭子に申しわけなかった……他人が土足で歩く場所に寝かせることが情けなかったです。

だからといって、外出や、恭子のための権利獲得運動をやめるわけにはいきません。ある日、デパートの婦人用トイレに入ると、手洗い所のそばにベビーベッドが置かれていました。「これだ」と閃いて、早速市役所に要望することにしました。「デパートだってこのような配慮があるのに、様々な市民を相手にする市役所にないのは困ります」と、その必要性を訴えました。最初は、恐る恐る障害福祉課や管財課を訪ねて思いを話したのですが、相手にされません。当時は、革新系の島野市政の時代で、市民の声を直接聞く「相談課」というものがありました。相談課に行くと、真剣に話を聞いてくれ、幸いわかってくれて、婦人用トイレにベビーベッドが据え付けられました。これで、重い障害のある子を抱える親も、市役所に子どもを連れて自分たちの声を届けに行きやすくなりました。

しかし、子どもが大きくなったらベビーベッドでは済みません。婦人用トイレに設置されたものはあくまで幼児対象です。一歩前進ではありますが、何か方策を考えなければと思いました。そして、これがきっかけとなり、後に市の公共施設のトイレに付ける介護用ベッドの意匠登録をすることにつながっていきました。

・「仙台市重症心身障害児（者）を守る会」を結成

自分たちが住んでいる身近な地域の行政に、市民の問題としてみんなに考えてほしくて、「仙台市重症心身障害児（者）を守る会」（以下「市守る会」）を結成しました。その動きに強力に後押しをしてくれたのが、「宮城県重症心身障害児（者）を守る会」（以下、「県守る会」）の安達副会長でした。

安達さんは、現実と肩を組みながら闘う人でした。一人親のため働かなければならず、脳性小児麻痺の娘裕子さんをやむなく重心施設に入所させました。しかし、多くの人たちのように、「重症児には教育は必要ない」などとは言いませんでした。「裕子さんにも教育を受けさせたい」と願い、「地域福祉は目指すべきものだから一緒に運動しよう」と、積極的に「市守る会」の結成のために働き、副会長を引き受けてくれました。

私は、次の三つを会の目標にしました。

一、誰もが社会に参加し対等に生きる権利があることの主張を、わかりやすく示す運動をしていく。そのために、まずは活動の拠点をつくる。

二、触れ合いの中で生まれる想像力と創造力に期待し、自ら身をさらし、街に飛び出す活動、数多くのイベントを開催する。

三、知ること、理解することのためには、理念やミッションを伝える言葉も大切だから、会報や活動の便りや冊子の発行などをしていく。

私は、とても楽観的でした。少女時代の読書による疑似体験や、大学時代に学んだ環境デザインの理念や、学生運動の体験、演劇活動で身に付けた表現力を駆使すれば、何とかなるだろうと……しかし、実は厳しいいばらの道を歩み始めていたのです。

「市守る会」の会長には、仲間の父親で小学校校長の今さんを引っ張り出しました。今さんの息子さんは、知的障害児の施設に入所していましたが、母親が面会に行った時に多動だという理由でベッドにひもで拘束されているのを見て、たまらなく悲しくなり連れて帰って来たそうです。しかし、日中世話をする母親は、様々な行動障害に大変な苦労をしていました。

今さんは会長となったものの、僻地の小学校の校長で、会議にはほとんど出て来れませんでした。私の夫が事務局長を引き受け、組織づくりと必要な規約をつくり、市議会への請願の段取りをしました。私は、庶務全般を引き受けていました。

組織づくりは、母親たちだけではなかなかできないことでした。当時の女性は、主体性を押し込めてしまっていて、自己主張もしない代わりに、お互いを認め合うこともしないで足を引っ張り合う傾向がありました。だから、女性は女性が言うことは認めたくないのです。同じことを、権威ある人や男性が言うと従うのです。女である私が会長では、会はまとまらないだろうと思いました。この時代、女だけで会を進めることは本当に難しかったのです。

それなのに、自分の子どもの問題である障害者運動に、父親として参加する人はほとんどいませんでした。世間の父親たちは、相変わらず「子育ては母親の仕事」とばかりに無関心を装っていました。私は、一緒に考えてくれる夫を誇らしく思いました。

夫は完全主義で、何事も一生懸命にやり、関心がある時は人の三倍も働きいい仕事をしますが、芸術家気質で、自分の意に合わず関心がなくなると途端に放り出す傾向があります。

完全主義の鬼が顔を出すと、周りがついて来れないことにイライラし、バランスが取れなくなります。私は、母親たちのペースと夫の思いを、ハラハラしながら調整するのでした。

私は、まず障害者本人と街にくり出して、地域啓発を心がけながら、母親たちの仲間づくりを始めました。夫が、組織の規約づくりをしてくれたおかげで活動しやすくなりました。市内を地区ごとに八班に分け、各班ごとに活動しながらニーズを探り合って、出てきたものを役員会にあげ要望活動に反映することにしました。班活動は、会員の顔が見える活動なので出席率も良く活発でした。

芋煮会や、車椅子を何台も連ねてのバラ祭り、七夕祭り、市民祭り、クリスマス会への参加などを企画しました。そして、運動継続のためには、地域啓発と、収益活動が必要なことを確認し合いました。

・重い障害のある人たちも通える「通園施設」と「通所施設」設置を

就学保障、通所施設設置を中心に、要望事項を十二項目にまとめ、「市守る会」として行政への要望活動を始めました。

国は、重症児のために、入所の重症児病棟設置施策を進めていた時期でした。そんな時に「通所施設に通いたい」とは何を言い出すのだと、ましてや「重症心身障害児に教育を」とは何を考えているのだと、入所施設設置を待ち望んでいる母親たちや、各福祉団体から散々バッシングを受けました。しかし、「地域で育てたい」と願う人も多かったのです。ニーズは隠れているものなのです。

マザーズホームに通っていたウエルドニッヒ・ホフマン病の睦子ちゃんのお母さんは、「この子の可能性をできるだけ伸ばしたい、在宅しながら社会の中で親のできる限り育てたい」と頑張っていました。そして、口癖のように「もっと早期から保育や訓練ができる専門家を備えた公立の施設がほしい」と言っていました。

睦子ちゃんのお母さんも、「市守る会」と共に運動しようということになり、その運動の成果が、後に「仙台市心身障害者センター」設置の折に加えられた三歳以下の子の超早期療育のための母子通園施設「あおぞらホーム」です（今は、「なかよし学園」と統合）。

年長の在宅重度障害者のための通所施設設置には、幸い世論が味方してくれました。夫の職場の組合の同僚の応援もあり、六千三百九十五名の署名を集め、当時は革新派島野市長のもとに社会党議員が多かったせいか、すんなりと通所施設設置の議会への請願は採択されました。しかし、請願は通ったのですが、市行政当局では一向に具体化する兆しは見えませんでした。

宮城県は、山本県政の時に「心身障害児を守る県民運動」を立ち上げ、在宅心身障害児と家族の保養施設「希望の家」が建設されました。ボランティア付きで保養を支援する制度ができて在宅重症児と家族の福祉に力を入れるようになり、とてもありがたい施策でした。仙台市も宿泊訓練費用を予算化し、「市守る会」は運営や参加者の人選を依頼されました。

私は、事務局として運営を任されましたが、最初はみんなおっくうがり、参加しませんでした。そこで、私は会員に参加を呼びかけるチラシを一カ月前に作り郵送し、二週間前になると電話をかけて参加を促し確認を取りました。三日前には、時間や集合場所を間違えないように電話をしました。「そこまでやるの」と言われそうですが、そうしないと参加は難しいのです。

母親たちは、家族への気兼ねがあります。毎日が家事と介護で忙しいので、参加したいと思っていても、つい申し込みを忘れてしまうのです。

もっと大変だったのは、一人ひとりの障害児に張り付けるボランティア探しでした。肢体不自由児協会、東北大や福祉大、東北学院大などのサークル、カトリック教会などの奉仕団体に、次々と電話をして頼み込みました。

・母親の生の声を行政に聞いてもらう場に

努力が実り、「希望の家」宿泊訓練は、みんなが楽しみにする「市守る会」の恒例行事となり、ピアカウンセリングの絶好の機会となりました。私と役員の赤井沢さんは、懇談会のお茶菓子を用意したり、みんなのおむつをまとめて洗ったりして裏方に徹しました。

普段家族に気兼ねして家に引きこもっている母子たちが、少しでも伸び伸びと過ごせるようにと、気を配りました。そのうち、宿泊訓練仲間たちは、それぞれの悩みを話し始めました。そしてそれらは、決して個人的な問題にしておけないことに、みんなが気が付き始めたのです。

私は、宿泊訓練の際に行政の方との懇親会を企画しました。ボランティアに子どもたちを預けて、少しだけアルコールも入れてお菓子を食べながらおしゃべりをしているうちに、みんなだんだん勢い付いて、お母ちゃんパワーがさく裂です。みんな、「在宅者がたくさんいるのに仙台市は今後どうするのですか」「請願が通ったのに、いつ通所施設はできるのですか、請願を議会は受け止めたのですよ」と行政の方に詰め寄ったりもしました。

それまで、市行政に二、三人で要望に行っても、「仙台市にはお金がない、国の福祉法通りのものならできるけど、市単独では何にもできない」の一点張りだったのですが、母親たちの生の声を聞いた担当の方々が、前向きに考えてくれるようになりました。

それから毎年、「希望の家」の宿泊訓練の夜は、ボランティアの学生も交えて様々な懇談の場となりました。母親と障害児の社会性の育成と、行政の方に生の生活を知ってもらえる、いいコミュニケーションの機会でした。

・制度の谷間に……

当時、福祉の街づくりに力を入れていた、東京都町田市、茨城県日立市の重症児施設の先進的な取り組みなどの研修に出かけ、大いに刺激されました。日立市には、重症児の一時預かり制度ができていました。町田市は、障害別の養護学校ではなく、総合養護学校を始めていました。しかも、送迎が必要な人のためにタクシーでの送迎も行われていました。

宮城県に報告すると、「宮城の福祉は三十年遅れています」と平然と言われ、仙台市に報告すると、「政令都市にならなければ何もできません」と言われるばかりでした。確かに、東北は貧しく産業がなければ資金が回らないのでしょうが、もっと創造的に考えられないのだろうかと……。

市議会で決まったことをいつ実現してくれるのかを、民生局・教育局・衛生局の三局で話し合いを続けました。毎年毎年行政への要望活動をやっても、市は動く気配がありません。市行政としては、「精神薄弱者福祉法にも身体障害者福祉法にも該当しない、制度の谷間の重症児の通所施設は、予算の出所がないのでつくれない」と言います。

そのうちに、ある人が教えてくれました。「あなたたち、いくら要求ばかりしても何もできないよ、行政は法律によってしか動かない」「行政の担当者は三年毎に変わるのだから、自分の問題として考えている人はいないよ」「自分たちでまず立ち上げて、実績を上げることをやらないと人の心にも訴えないよ」と……そうだなと思いました。

● 一九七一年〜一九七六年　重度障害者の福祉運動と制度

一九六五年、コロニー懇談会が設けられ、「成人の重度知的障害者を収容する入所施設を、国・自治体が各ブロックに一カ所程度設立すること」と意見書が出されました。一九七〇年に、群馬県高崎市で日本初の国立心身障害者コロニーの入所が開始され、全国的にコロニーブームが起きていました。

「県守る会」の親たちも、施設に子どもたちを入れれば、子どもたちは幸せになると信じていました。何とかして、わが子を重症児施設やコロニーに入所させたいと躍起になっていました。それだけ日常が辛いのです。また、重症児に教育は必要ないという立場でした。

その頃、全国の障害者運動も盛んに行われるようになり、教育者・研究者・施設職員等を中心とした全障研や障全協は、「発達保障論」を打ち出し、憲法第二十五条の「生存権」「社会保障」に依拠する「養護学校建設」や「入所施設設置要求運動」を始めていました。肢体不自由児養護学校も全寮制で、幼少の時から親と切り離すのです。訓練や指導で障害を克服することを目標とし、理想は高かったのですが、家族と切り離すのはどうかと。

また、意思を表現できない重症児は（当時はそう思っていた）、訓練や指導をしても一生難しいのじゃないかと、親たちは迷ったのです。障害の丸ごとを肯定し、ありのままで地域に生きることを支える運動には思えませんでした。憲法第二十五条で、「すべての国民は、健康で文化的な最低限度の生活を営む権利を有する」と言っていますが、重い障害の人は「すべての国民」に入っていない感じがして、疎外感がありました。

一方で、一九七九年実施予定の養護学校義務設置に反対するために結成された、「全国障害者解放運動連絡会議」は、施設・養護学校不要論を唱えていました。その運動は、「青い芝の会総連合会」の身体障害者当事者運動で、障害者を入所施設や家族から解放して自立させなければならないとし、養護学校や施設は、地域から障害者を排除して障害者を囲い込む制度だと主張しました。

その理念は正当だったかもしれませんが、社会が誰もが生きやすい環境になっていない現実では、理想論でしかありません。

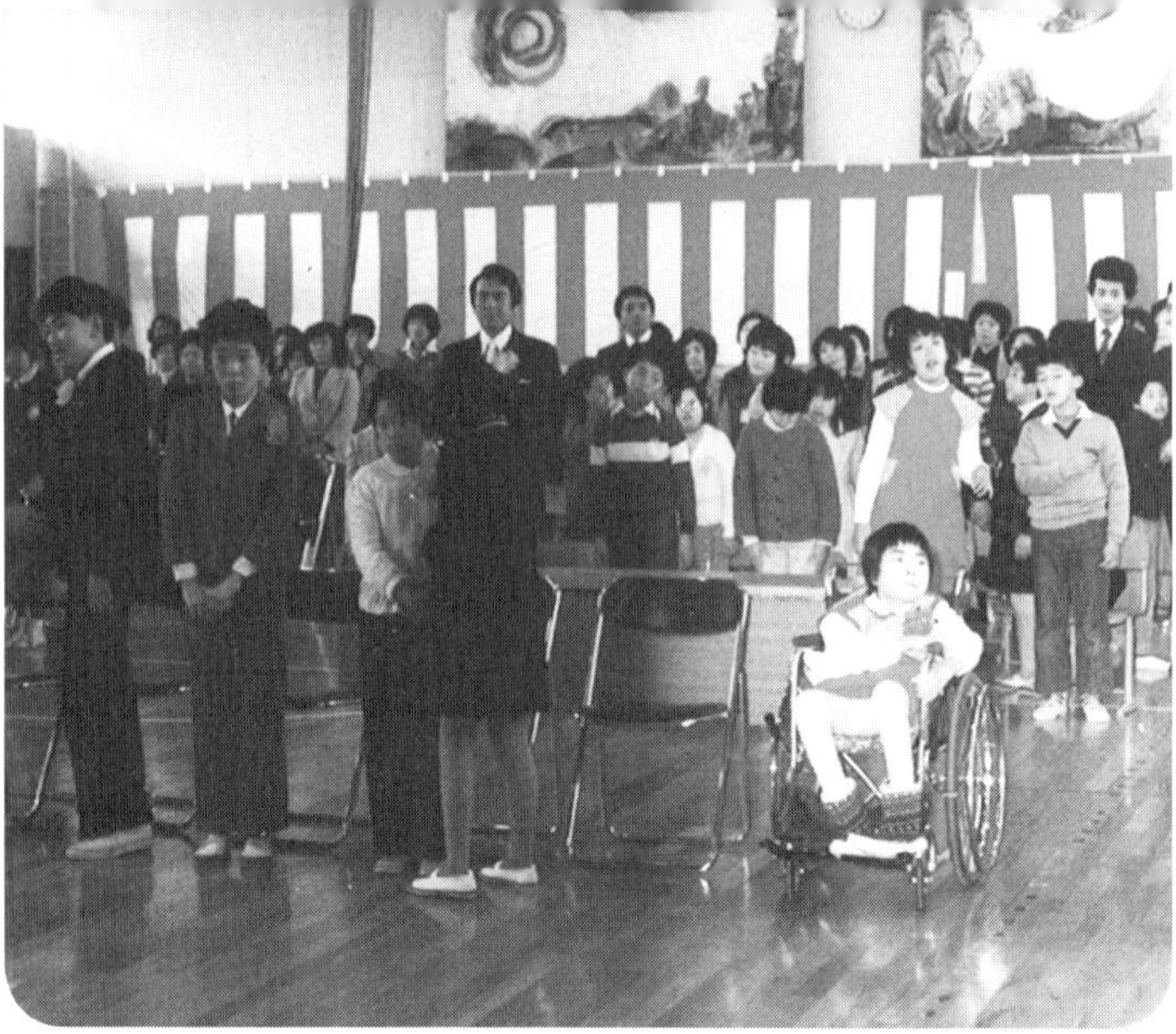

4章

十四歳〜十七歳

恭子就学

恭子　十四歳　一九七七年

・「仙台市立鶴谷養護学校」入学

就学保障運動として、一九七七年に、「杉の木教室」が開設されました。夫が所属する高等学校教職員組合に働きかけたことで、有志職員たちのボランティアによる、日曜学校「杉の木教室」が開かれ、就学保障運動を支えてくれる人たちが増えていきました。

そして、一九七八年四月に「仙台市立鶴谷養護学校」が開設され、母親の付き添いを条件に、重症児二名、重度てんかんの障害児の入学を受け入れてくれました。初代校長は、私が教育委員会に要望に通っていた時の指導課長だった、吉田秀三先生です。

恭子、十五歳の時でした。重症児の養護学校第一号だった恭子は、六年生に措置され、やっと、中学三年までの四年間の教育は保障されました。

恭子にとっては、はじめて受ける学校教育です。家にいればルーズになりがちの日課が、通学することで規則正しくなり、そして何よりも、様々な人々との出会いが刺激となります。恭子は、疲れを見せながらも、表情に明るさが見られるようになりました。

私は、入学できた感激を、河北新報「ティータイム」に投稿しました。素直に嬉しかったし、養護学校のことを広く市民に知ってほしかったのです。

「恭子ちゃん、おはよう」「車いすおしていい?」と迎えてくれるのは浩二君。

トランポリンで遊んでいた健ちゃんが、吹っ飛んで来て、恭子にチュウを始めます。歳はとっていても、赤ちゃんのような恭子がかわいいらしく、かなりしつっこくするので、忠行君が不自由な足で寄って来て、健ちゃんの髪を引っ張ってやめろと促しています。

昭ちゃんは「恭子ちゃん、おはようって言いなさい」と、口のきけない恭子に何度も催促しています。

長い間、在宅せざるを得なかった恭子が、十四歳ではじめて入学できて六カ月が過ぎました。地域の子ども会にも加えてもらえなかった恭子が、学校の生徒の一人として集団に入れたことは、とても大きなことで素晴らしいことです。

恭子に、いつも会える仲間ができ、恭子の生活にリズムが生まれたのです。顔色が良くなり、表情がとても明るくなりました。一番重度な恭子ですが、動き回る子どもたちを目で追い、先生の口もとを見つめ、なにかをつかみとろうと懸命です。

ここ仙台市鶴谷養護学校は、種々の重複障害の子どもたちが学ぶ学校です。先生方は一人ひとりの子どもの伸びる芽を見付け出そう、なにか能力を引き出そうと、様々な努力をなされています。

登下校の際には、校長先生はじめ、全職員が校門に出てスクールバスを送迎してくださるのです。校長先生にぶら下がる子、お掃除のおばさんに手を引かれる子、バスの運転手さんに甘える子、雨の日は、傘をさしてもらって……。

優しさに満ちた光景が繰り広げられる毎日です、子どもをこんなに大切にしてくれる学校というものを、ありがたく思います。

（一九七八年十一月七日、河北新報ティータイムより）

・送迎バスに乗せてもらえなかった

恭子は、歩けないから必要な送迎バスに、歩けないという理由で乗せてもらえませんでした。添乗員には専門性がないので無理だとされました。重い障害のある人の移動については、「家族が責任を持つ」というのが当時の暗黙の申し合わせのようになっていたのです。

最初は、夫が仕事の合間に自家用車で送迎しましたが、負担が大きく続きませんでした。結局大半はタクシーで通い、家計を圧迫しました。そこで私は、家に帰ってから息子たちに留守番を頼んで、夜間の自動車学校に通い免許を取得することを決意しました。

入学が叶ったものの、養護学校の教員でも、重い障害のある子に接するのがはじめての人が多く、私は、恭子の在学中ずうーっと付き添わなければなりませんでした。学校も本人も「負担が多い」とのことで、恭子は週三日の通学でした。

先生方は、全員が障害児教育の専門家でもなく、何をしていいかわかりません。私の経験値で先生方に教えるしかありませんでした。

一年目は、私が全面的に付き添い、食事、排泄、移動の介助を自分でしました。二年目は、食事介助を先生が担当するようになり、三年目からは、排泄介助も、四年目には、私は保護者控室で待機して必要な時だけ手伝うことにして、徐々に手を引いていきました。しかし、プール活動や遠足は、親が介護する前提でなければ参加させてもらえませんでした。山登りやそり滑りなどには、私が三十五キロの恭子を背負って参加させました。

名目上は、重い障害のある子のために介助人が一人配置されていましたが、多動な児童がたくさんいたので、先生方は危険防止のために追いかけ回すのに精一杯の様子でした。動きが少ない子は、放置されることが多く、実際、恭子の担任の先生は、自分の腰にタイヤを巻いて四方八方に散らばる子どもたちをひもでつないでコントロールしていました。私は、その驚くべき光景に目を白黒するばかりでした。

それでも、毎日家の中で、介護に明け暮れていた、孤独な日々から比べれば、恭子にとっても私にとっても「天国」でした。

・通所施設が必要だ

養護学校ができても、十六歳以上の人は過年児として入学が叶いませんでした。大半の仲間たちは、子どもたちが過年児であることで教育は諦めていました。自分の子どもだけが教育保障をされて良しとするわけにはいきません。何とかしなければならないと思いました。

しかし、みんな無理に障害の軽減、克服にエネルギーを使うことを望んではいませんでした。権利を手放してほしくはありませんでしたが、みんなそれよりも、何より地域で仲間に会える通所の場を望んでいたのです。ありのままで、差別されずに、地域に居場所がほしかったのです。

私は、「通所施設は、何としても必要」という思いから、「要望ばかりしないで、まずは、自分たちで実践をして実績を上げて、やることをやらないと人の心にも訴えないよ」という助言を思い出し、実行することにしました。

早速、役員会を開き、一九七八年五月に総会を開いて、要望書の文言を、【仙台市中央部に重

い障害のある子の母子が通える場所を確保してください】という要望に変えました。

市行政も乗り気になってくれて、貸し出す候補地を示してくれたのですが、市内の南の端、北の端などの郊外ばかりでした。みんな移動に苦労していましたので、南の端にできれば北の人が困る、逆に北の端にできれば南の人が困るので、中央部は譲れませんでした。また、こういう人たちがいるのだということを世の人々に知ってもらうためにも、中央部で人目に付く所という条件は譲れませんでした。

そのために、すぐに土地の提供を受けることはできず、実現できたのは、三年後でした。頑張ったおかげで、市内のど真ん中の一等地に決まりました。

恭子　十五歳　一九七八年

・養護学校づくりは一から始まったばかり

恭子は、養護学校に入学できたおかげで、はじめて車椅子を作ってもらうことができました。自費で作るには、サラリーマンの一カ月の給料分ぐらいかかります。そのために、マザーズホーム時代は、慈善団体等から共用の箱形の車椅子が寄付されましたが、背丈も、足の長さも、体の拘縮・変形の具合も違うので使い勝手は良くなく、みんなねんねこから足がはみ出している大きな子どもをおんぶして通っていました。

「市守る会」の要望で、「仙台市心身障害者センター」にＰＴ（理学療法士）が配置され、機能訓練が始まりました。今までは、県内にＰＴを配置していた病院は三カ所しかなく、しかも、重い障害のある子を受け付ける体制はありませんでした。

恭子が八歳の頃、県立整肢療護園「拓桃園」に、ＰＴによる療育訓練の相談をしたいと、恭子を背負って一時間かけてバスで行きましたが、訓練を受け付けてもらえなかったという苦い経験があります。「仙台市心身障害者センター」でも、相談センターの業務優先で、重い障害のある子は機能訓練をしてもらうことはできませんでしたが、最初に関わってくれた支援が、車椅子作りでした。ありがたかったぁ。

ところが、作っていただいた車椅子は、学校内で移動するためのものだったので、恭子は学校で終日座らされていることが多くなりました。恭子の足は紫色にむくみ、パンパンになってしまいました。もともとマヒがある足の血の巡りが悪くなり、氷のように冷たくなりました。お風呂に入れてもマッサージをしてもなかなか温まらず、夜は恭子を抱いて私の股に足を挟んで、温めながら寝ました。教室には、横たえるためのマットもありませんでした。

学校で機能訓練まではできなくても、せめて体を動かしてほしかったのですが、先生方が機能訓練の研修をするまでは手が回らなかったようでした。車椅子に座らせられたまま一日過ごすならば、「家の中で畳の上で転がっていたほうが負担は少ないのかなー」と思ったりもしました。学校にも、ＰＴやＯＴ（作業療法士）などが配置されるべきなのですが……。

しかし、養護学校づくりは、一から始まったばかりです。まだ、黎明期《れいめいき》です。初代吉田校長を筆頭に、学校は糸賀一雄さんの「この子らを世の光に」を建学の精神として、鶴ケ谷の地を「ひかり野」と名付けました。広報誌「ひかり野の子ら」や学校便りを発行して、障害児教育への理解と協力をもらうことに懸命でした。

私は、全校で行う朝の会などでは、ボランティアとして他の子にも関わっていました。できることは何でもしたいと思っていました。多動な人には、はじめて会ったので、チョットした隙にいきなり子どもに頭突きされたこともありました。先生方に交じって活動に入らせてもらうのは楽しく、充実感を覚えていました。わが子にだけ向き合っていた頃には知らなかったことを、たくさん学ばせてもらい、目を開かせてもらいました。

・親たちの願いと先生たちの思い

当時、てんかんに対する理解はまだまだで、教員は必要以上に恐れていました。てんかん発作が起きる度に親が学校に呼び出され、タクシーで飛んで行かなければならないのが常でした。てんかんがあるということで、小、中学校の九年間、ずうーっと父母控室に待機することを求められた母親もいました。

今は、医学の進歩によって、ある程度てんかんの発作を薬で抑えられるようになりました。だから、脳を著しく傷付ける点頭てんかんを同じく生後六カ月に発症したとしても、一九六三年生まれの恭子は、歩くことも立つこともできませんが、一九七〇年生まれのHさんは、何とか立ち、少し歩けます。一九七七年生まれのYさんは、歩けてお話しもできるのです。また、発症した年令によって障害の残り方が違うのです。医学の進歩に感謝です。理解も進みました。

先生の中には、「厳しく接することが、教育だ」と考えている体育会系の人もいました。

お母さんたちは集まると、「昨日も息子の腕にあざがあった」「言うことを聞かないからとつねられた」などと、ヒソヒソと話し合うのですが、誰も正面切って学校に抗議することもなく、「うちの子は、じっとしていないから仕方がない」と諦めたり「入学させてもらっただけでもありがたいのだから」と言う人もいました。

逆に、「先生、子どもをぶん殴ってもいいから、もっと厳しく躾けてください」などという人もいました。家族であっても、子どもは障害者でしかなくて、「一人の個人としての人権がある存在だ」とは考えていない親も多かったのです。

どんなに重い障害があっても、意思があります。意思を言葉で表現できない人は、諦めてしまって内にこもり、体調を崩したり……また、言葉で表現できなくても体が動く人は、激しく動き回ったり、自傷・他傷などの行動で示すことになります。行動障害はつくられるのです。不適切な行動には、必ず意味があります。

しかし、当時は知的障害のある人は、「何もわからない人」として、「こちらの意図に従うように指示し、従わせ、習わせて、躾けるのが教育なのだ」と考える先生方が多くいました。自閉症の理解も進んでいませんでした。

親たちの願いと、先生たちの思いのすり合わせが必要でした。そこで、私はPTAの教養委員会役員となり、母親たちの視点に立ったアンケートを取って学校に示したり、家庭での生活の現実や本音をわかり合える情報誌として、「PTAタイムス」を発行することにしました。

また、母親たちが学校に子どもを預けている間に、せめて潤いのある時間を持てるように、社会見学やコーラス、手芸などの活動を企画しました。社会見学の第一回は、映画館での映画鑑賞でした。「十七年ぶりに映画館に行った」「十年ぶりで心ウキウキ出かけた」「久しぶりの命の洗濯だった」「子どもが学校にいるので、安心してゆっくり映画が観られて感激」などの声があがりました。日頃の母親たちの生活の厳しさが伝わってきました。

そして、手芸活動はやがて学校バザーへの出品協力となり、コーラスグループは、「ひかり野祭」への参加で、学校行事を大いに盛り上げるようになりました。このような活動の中で、学校側と保護者たちの対話は少しずつ進んでいきました。

仙台市ではじめての養護学校だったため、校長も先生方も親たちも、「共につくっていこう」という気概に満ちていたのです。

恭子　十六歳　一九七九年

・夏休みの日記

恭子は十六歳になり、中学部に上がると教室は二階になりました。しかし、エレベーターがなく、私はまず恭子を抱きかかえて階段を上がって、恭子を教室に入れてから、また下へ戻って車椅子をかかえて階段を上がって行く……これを毎日一人でくり返すしかありませんでした。先生方や母親たちは、ただ見ているだけでした。私は、「多動な子がいて先生たちは手が離せないのだろう……」と遠慮していました。

私は、二代目の校長に「エレベーターが無理なら、せめて玄関にスロープを付けて、トイレにおむつ取り替え用のベッドを置いてください」とお願いをしました。校長の返事は、「ここは、精神薄弱児養護学校です。そのようなことを望むなら、重症児施設に入れたほうがいいんじゃないですか」でした。養護学校義務設置の政令があって、障害者の全入が叫ばれても、そんなものでした。

中学部の生徒たちは、特殊学級出身の生徒が多く、先生方は、多くの生徒を卒後に県立の養護学校高等部に入学させることを目標にして、知育を一番に考えているようでした。「中学生らしくしなさい」「普通の子と同じようにちゃんとしなさい」が口癖でした。

そして、制服を定め着用を求められました。制服は機能的ではなく、よだれや食べこぼしで毎日洗わなければならないし、変形した体に合わず抱き上げる時にもずるずるとして危ない……私は、普段は制服を着せることをしませんでしたが、それでも学校行事の際には一律に着ることを求められました。

夏休みには、恭子にも「日記を書く」という宿題が出されました。字が書けない子に日記を求められても……私は、もっと恭子について知ってもらいたいと思い、私が、恭子の日々の様子を日記に書くことにしました。教育活動のヒントになればと書きました。わかってもらう努力は、絶えずしなければならないと。日記の一部を紹介します。

七月二十七日

恭子は、ビーチボールがお気に入りで遊んでいます。少し空気の抜けたボールをつかんだり離したりして叩いているだけです。転がすことを覚えれば大したものだと思います。じっくりと相手をして遊んであげればいいのでしょうが、忙しくて、ただ、おもちゃを預けてしまいます。明日こそは時間を見付けてボール遊びをしてあげましょう。恭子と一緒に手を動かす人と、相手側になる人と二人でやらなければならないでしょう。

七月三十日

遠刈田に来ました。恭子は、声をあげて喜びました。林があり川も流れています。気持ちがいいから、以前来たことを覚えているのでしょうか。恭子は、弟たちにカブトムシやクワガタを見せてもらいました。はじめ、とても怖そうに体を硬くしていましたが、やがて、つかもうとしました。でも、恭子は加減なく握りしめるので、優しい弟たちは迷います。虫がかわいそうだと言ってつかませてくれませんでした。前に、トンボの羽をむしってしまったことがあるのです。

七月三十一日

恭子は私の妹の家で私と一緒にお留守番。妹の家には、四歳の幼稚園の女の子と一歳半の男の子がいて、その友だちが入れ代わり立ち代わり出入りするので、恭子はとても嬉しそうです。でも、遊びの中には入れず、二、四歳の子どもたちは相手にしてくれず、ただ一歳半の子どもだけが、恭子におもちゃを持って来たり、握手をしたり、ほおずりをしたりするだけなのです。恭子は、子どもたちの様子を見ているだけでも嬉しそうにしているけれど、やっぱり、淋しいんだろうな。時々、目に涙を浮かべている時があります。

八月七日

午前中、疲れて仕事をする気になれなかったので、朝から、まず、恭子と向かい合いました。歌を歌ってやり、マッサージをしました。背中を伸ばす運動、足の運動も久しぶりです。毎日してあげればいいのですが、食事や排泄の世話、洗濯などに時間が取られてしまいなかなかできません。自分で体を動かせないので、筋肉が固まって拘縮も進んでいます。しばらく動かしてやるうちに、恭子は気持ち良さそうにいい顔になっていきました。

八月八日

遠刈田は、朝から晴れて冷涼でいい気持ちです。木かげにハンモックを吊るして、恭子を乗せてみました。ハンモックは、はずみで落ちることがあるので、誰か付いていないと無理なようです。重心の取り方が難しいので、慣れるまで身を硬くして怖がりましたが、慣れるととても喜びました。弟たちが代わる代わるに揺らしてあげています。私は、歌を歌ってあげます。恭子は、揺れる木の間から見える青い空を見て笑っています。

八月九日

長男が、シャボン玉を作って恭子に見せています。恭子は、吹くことができないし、飲み込んでしまったら危険ということで、見せるだけです。ストローの先を割って広げて吹くと、大きな玉になってふわりふわりと揺れながら動きます。そおっと息を吹きかけると飛んで行きます。恭子にも吹くことを促しますが、口をとんがらすだけで、吹けません。パパが、たばこを吸った息でシャボン玉を作ってみました。真っ白い玉が重そうに浮かび、パッと割れて、白い煙が出ました。私は、恭子の目の動きをずーっと見ていました。シャ

ボン玉の行方を追って、目がよく動いています。煙が出た時は、驚きの表情を見せ、シャボン玉が割れるともっと作ってくれるように、長男やパパの口元を見つめて、催促しているようです。

八月十一日

夜、妹の子どもたちに誘われて花火で遊びました。一歳半の甥の動きに、恭子は一番敏感で共感を示すようです。甥は、まだよく話せませんが、アクション付きで、花火を「ビー・バンバン」と言ったり、「キレイ」と言ったりするので、恭子は、声をあげて笑います。花火を手に持たせてやりたいのですが、棒が細すぎて握ることができません。ぱちぱち跳ねると危険でもあるので、私と一緒に持つのですが、満足そうです。

八月十二日

私が枝豆を茹でるために、枝から豆をむしっているそばに恭子は寝転んでいて、何やら興味深そうです。「恭子ちゃんも、手伝ってちょうだい」と一枝を渡すと、嬉しそうに振り回しています。私は、かけ声をかけて、「よいしょ、よいしょ、ほら恭子もよいしょとむしるのよ」と声をかけると笑います。「よいしょ　よいしょ」と声をかけ続けると、恭子も手に力を入れて引っ張り始めました。長い時間をかけて、私との共同作業で、一枝むしることができました。ボールに一杯たまった枝豆を預けたら、探求心が出たらしく、かき回したり、ひっくり返したり。目を輝かせて遊んでいます。今夜、茹であがった枝豆を食べる時、恭子は、どんな顔をするのでしょうか。

八月十五日

しばらく、私の実家に行っていた長男が帰って来て、久しぶりの一家揃っての夕飯時、恭子はとても嬉しそうでした。長男は、とても優しくて恭子の面倒をよくみます。今日も、「恭子ちゃんわかるかなあ!と言って、冷たい氷の入ったコップを、恭子の顔や、足や、背中に押し付け「冷たいね」「冷たい！」と言って、冷たい感覚と言葉を教えようとしていました。恭子もわかったらしく、冷たいコップを押し付けられる度に笑っていました。

八月十九日

昨日は、暑くてなかなか寝付かれず、夫は何度も起き上がって、水を飲みに台所に立って行きました。気が付くと、恭子は夫が水道の蛇口をひねりジャーという音がする度に床から顔を上げて、台所のほうを見ます。そうです、恭子も水が飲みたかったのです。何も言えない、声の出せない恭子の水が飲みたいというサインだったのです。自分たちばかり水をガブガブ飲んで、恭子に水をあげるのを忘れていたり、恭子の精一杯のサインを見逃してしまったらかわいそう。「恭子ちゃん、水ブーなの？」と言うとにっこり笑って、コップに二杯も飲みました。

八月二十二日

次男と恭子が遊んでいます。「きょんぴに捧げる歌」を歌ってあげると言って、（きょんぴは、とっても良い子だけど、よだれさんが困る。よだれが出たならごくんとしなさい。おしっこの時は、エーンと声を出すんだよ）とか、（恭子姉ちゃん、歩けないからかわいそうだね、僕がもっと力が強くなったら、どこにでも連れて行ってあげるからね）とか、でたらめな歌詞を作って、いい加減な節回しで歌っているのです。恭子は、嬉しくて次男の顔を見て笑っています。

この日記は、先生方が回し読みをしたそうです。恭子を知ってもらい、教育上の何らかのヒントになったようでした。校長先生までも読んでくださったと聞き、恐縮しました。

鶴谷養護学校には、多様な障害の人がいましたが、みんな、自分の子ども以外の障害のある人について、知らないことが多すぎました。まず、互いの障害を理解することから始めなければなりませんでした。先生方とも一から一緒に活動するしかありませんでした。

おかげで私は、たくさんのことを学ばせてもらい、色々なタイプの障害の人に出会えて目を開き、その後の仕事に役立つことになりました。

恭子　十七歳　一九八〇年

・卒後の進路問題

私は、学校の活動をする一方で、「市守る会」の運動も続けていました。

その頃には、今会長も事務局長の夫も本業が忙しくてあまり関われなくなっていましたが、運動は続けていかなければなりません。私がすべてを代行するようになりました。養護学校の付き添いのかたわら、事務局の仕事がある時には時々学校の外へ出ることも許可してもらい、夜は、息子たちに恭子の見守りを頼みました。これも、運転免許を取ったからできることでした。

すると、あちこちで私に対する悪口がささやかれるようになりました。「あの人は、子どもを放りっぱなしにして運動している……」と言う人が出てきました。

私は、恭子が一時的には辛い思いをしたとしても、恭子が人間として人格を認められることのほうが大事でした。差別のない社会にしたかった。

そんな嫉みやそしりに付き合っている時間はありません。気にしないで、粘り強く今後の運動の方向について話し合いを進めていきましたが、母親たちの多くは、目の前の利害ばかり考え後ろ向きでした。

しかし、保護者にとって本当にありがたかった学校も、月日が経つにつれ、進路の問題が浮かび上がってきました。そのうちに、母親たちが「やはり運動が必要だ」と意見を言うようになり、目を開くようになりました。「市守る会」に入会して、自ら役員や事務局を引き受けてくれる人も出てきました。そして、仲間の強い団結も生まれました。

鶴谷養護学校には、高等部がありません。国立・県立の養護学校の高等部も狭き門でした。福祉作業所や小規模作業所はありましたが、そこに入れるのは一握りの人だけです。そして、鶴谷養護学校の大半の人は、重複障害で作業が難しい……。

そこで、私は二代目のＰＴＡ会長を引き受けました。進路対策委員会をつくり、アンケート調査をしながら、卒後のために、「一、養護学校高等部の設置」、「二、作業所に行けない重度重複障害者の通所施設の設置」を訴える様々な活動を展開しました。

ＰＴＡバザーの収益から予算を出してくれるよう学校側と交渉し、卒後の進路をつくりたいと願う親たちの文集「ねがい」を発行し、関係機関に配布しました。「ねがい」は、行政機関の人々の施策推進のヒントになったと思います。


私は、なぜ通所施設にこだわったのか、それは、恭子にも「当たり前の生活」をさせたかったからです。障害があるというだけで、当たり前の生活ができないのはおかしい……その当たり前の姿をつくるには、「通所施設が必要だ」と思いました。

誰でも、行く所があるということ、しなくてはいけないことがあるということは、幸せです。重度障害者にとっても、社会の中に居場所があって、リズムある生活ができるということが大事です。そのためには、「通所施設が必要だ」と考えていたのです。

●一九七七年～一九八〇年　重症心身障害児（者）の教育の歴史

一九七九年、養護学校義務設置の国の政令により、仙台市も完全就学実現に向けて市立養護学校設置に動いていました。しかし、精神薄弱者養護学校だといいます。過年児と重症心身障害のある人は対象になりません。憲法で保障しているのだから、「どんな重い障害者にも過年児にも教育の機会を」と、再三要望活動をしました。

当時の養護学校でのお母さんのエピソードを紹介します。

怪我で脳手術を受けたT君の母親は、T君が頭に骨のない所があり、始終てんかんがあるということで、小、中学校の九年間ずうーっと、父母控室に待機することを学校から求められました。

自営業の父親が、朝晩送迎をして通学させていました。彼女は、芸術的才能があり器用な人なので、最初のうちは、教材作りを手伝ったり絵を飾ったり、母親たちを組織して、学芸会でダンスを披露したりしていました。休み時間には、片麻痺ですが歩けるT君の歩行訓練も熱心に行っていました。

しかし、自宅は遠く足がないので降所時間までちょっと家に帰って息抜きをすることもできませんでした。九年の年月の間に、T君は体重の増加が著しく、歩行を支える教員の負担が多いとのことで、車椅子での移動に変わりました。そして、性徴が見られた頃から、退行が目立ち歩けなくなりました。当時、PT、OTの指導はありませんでした。

彼女は、養護学校でのリハビリに限界を感じ、燃え尽き症候群のようになって体調を崩してしまいました。痛ましいことです。

当時は、アメリカのドーマン博士が「母こそが、最良の医師」と唱えた母親の努力ばかりを求める本が売れていて、すべてを投げて子どものために尽くさなければならないような風潮がありました。九年間の拘束は、酷なことでした。

一九八〇年、「全国重症心身障害児（者）を守る会」が開かれ、私は、「宮城県守る会」の代表として参加し、国に次のことを訴えました。「重度重複障害児に対応できる総合養護学校の設置」「生きがいの場としての通所施設の設置」「各所にＰＴ・ＯＴの配置のために早急に養成機関を」。

「市守る会」では、もっと実態を知らなければならないということになり、役員が手分けして、各養護学校に通う子どもが学校にいる時間帯を使い、家庭訪問を始めました。その中で、どうしても忘れられないケースがあります。

Ｓ君の母親は、守る会の活動に熱心でした。息子が晴れて入学できると、彼女と大して変わらない体の息子を背負って通学していました。あまりにも酷でした。あまり無理しないで……と思っているうちに、彼女は癌になり、またたくまに転移し、帰らぬ人となってしまいました。母親の死後、Ｓ君は在宅となり、その後どうなっているのか気になって訪ねたのです。

父親は職人さんで忙しく、主たる療育者は、S君の普段の様子も介護の仕方も知らないままに引き受けることになった、七十歳を過ぎた祖母でした。一番の問題は、移動と排泄です。祖母には、おむつを取り替えることも難しいので、S君の男性部に竹筒を差し込み縛り付けていました。そして、S君は父親が職場に行っている間、朝から夕方まで、掘りごたつに拘束されていました。ヘルパーは派遣されていませんでした。私は、「入所施設がだいぶ改善されてきているから、施設に入れるのもいいのじゃないか」と提案しましたが、頑として聞きません。どうやらその頃やっと創設された、わずかな福祉手当を祖母の生活の糧にしていたらしいのです。

その養護学校では、生徒が在宅になっても仕方がないと長期欠席に無関心でした。私は、心身障害児相談センターに乗り込みましたが、みんな口を濁すばかりです。私は、お願いし職員室で話をさせていただき、「これは、人権の問題だ」と演説しました。

まだ、センターは家庭への訪問体制がなく、考え方もありませんでした。しかし、その後、ＰＴや保健師、保母などのチームが家庭訪問をするようになりました。

また、その後前記の養護学校に母子で九年間通学したT君を、何とか『つどいの家』の仲間に入れたかった……家が近いこともあり、職員が送迎をすることを約束して通所をすすめましたが、養護学校を卒業して一年の在宅の間に、すっかり足が萎えてしまい、歩けなくなっていました。しかも朝に迎えに行っても、生活リズムが乱れてしまっていて、通所が継続できません。養護学校時代は、言葉も理解し歩いていた彼です。母親も教育に希望を抱いて、精一杯頑張っていました。それまでの家族の血の出るような努力を思うと、母も子も痛ましかったです。

何とかしなければと思いました。福祉事務所や保健センターにも連絡しましたが、ヘルパーも受け入れず寝たきりにされていました。とても気になりましたが、何ともできなかった……。

その後、彼は、二〇〇一年「つどいの家・コペル」の「重症心身障害児(者)通園事業(B型)」で受け入れることで、やっと通所が実現できましたが、本来は重症児じゃなかったはずです。まさに「重症児はつくられる」ということを実感しました。

2部

「つどいの家」

5章

十八歳〜二十二歳

「つどいの家」始まる

恭子　十八歳　一九八一年

・「市守る会」主催・写真展と手作りバザーが世論を動かす

国連は、一九八一年を「国際障害者年」とし、掲げたテーマは「完全参加と平等」でした。そして、「障害者の権利宣言」では、障害者が障害の種類や程度に関わらず、他の市民と同等の市民権及び政治的権利を持つ主体であることを唱えたのです。

国連がそう言うなら、それが真実なら、「市民のみなさんに在宅重症児の生活の実態を見てもらい、彼らが権利の主体であることを考えてもらう機会となる。この絶好の機会を逃せない」と思いました。

もっと実情を世間のみなさんに知ってもらうには……と考えているうちに、「国際障害者年」を記念して写真展を開催すれば、アピールできるのではないかと閃きました。

冊子も作ろう、そして、手作りバザーを通して仲間づくりをしようと、「市守る会」役員会に提案しました。大半の母親たちは、「子どもの世話で手一杯だから、余計なことはしたくない」。先の見えない日々を憂いていても、先を明るくするために、今、努力すべきことを見通すことはなかなか難しかったのです。

しかし、一歩前に進まなければ、何も進まない。バザーは、会員の協力で何とかなりそうでしたが、写真展開催には誰もが引いてしまって、なかなか協力してくれませんでした。仕方なく有志で話し合い、私は、在宅重症児十人の子どもたちの成長を追う写真集めと、母親からの聞き書きを始めました。

ラジカセを担いで、会員の家庭訪問をし、その聞き書きをもとに原稿を書きました。印刷費は会費でまかなえましたが、写真展の予算はありませんでした。ボランティアセンターを訪れてあちこちに協力を求めました。私は、無我夢中でした。

「市守る会」主催・写真展と手作りバザーは大成功で、新聞社やテレビ局が一斉に報道をしてくれました。反響は大きく、冊子も評判になりました。

また、第一回の会場を貸してくれたジャスコの店長さんが、写真展に感動したと、今後の協力を申し出てくれました。次の年には、第二回も開催することができました。その後の写真展の現像を無料で一手に引き受けてくれた「アド・フォート」社長の島田さんとも出会うことができました。

そして、朝日新聞の生井久美子記者は、「人このごろ」というコラムで、【頑張って「通所施設」をつくりたい】という題で、私たちの運動を紹介してくれ、世論が動いたのです。

実名で開示したのが良かったのでしょう。身をさらしてこそ、理解が生まれるのです。行政も無視できなくなりました。

恭子　十九歳　一九八二年

・通所施設「支倉つどいの家」開所

市中央部に場所の提供の要望書を出し続けて三年目、仙台市は、市中央部にある支倉町に新設する「言語難聴障害児のための通園施設の一階部分の使用の許可」という形で、応えてくれました。当時の民生局長と保育課長は、「財政局での重症児のための通所に共通理解が進まず四面楚歌の中で、大変な決断をして場所の提供に踏み切った」と言っていたと、後に話を聞きました。頑張っていれば、救いの神はいるものです。

一九八二年八月、「支倉つどいの家」の開所式が行われました。場所は、仙台市より提供してもらえました。

しかし、助成金ゼロです。私は、言い出しっぺの責任を取る形で、無償の園長兼指導員兼事務員として働き、何とかボランティアを集めて、自主運営で始まりました。ボランティアには、

「市守る会」会員で、子どもが養護学校や施設に入所していて余力がある人たちや、肢体不自由児協会などからの口コミでやって来た学生たちが手足になってくれました。

最初は、利用者十名。週二回の通所……ともかく、重い知的障害者や重症児は、「何もできない人」として在宅せざるを得なかったことに異を唱えた母親たちの、「この子たちにも社会参加の機会を与えて」という切実な願いを叶えるための、通所施設の立ち上げでした。

無認可施設としての出発ですから、備品を買うお金もありません。みんなで座布団や机を持ち寄ったり、ある高校からは廃棄処分した折りたたみ椅子を寄付してもらったりもしました。恭子は、車椅子ではなく、ダンボールの中で座位を保っていました。

人件費もないので、職員は雇えません。さしあたっては、ボランティアを集めて活動するしかありません。それはわかったうえでの運動であり、要望活動であったはずなのですが、いざとなると、「指導員がいない」と不満を言って通わない人もいます。何人かの仲間ががっちり組んで「とにかく通いましょうよ」と頑張りました。楽しそうに子どもたちが通っている様子を、地域の人に見てもらって理解を得たいと思っていました。

また、母親たちはマザーズホームの延長のように考えている人もいて、みんなが集まれる場所ができたことを喜び、子どもたちそっちのけでお茶飲みを始めたりもしました。ピアカウンセリングにはなりましたが、「つどいの家」は、本人たちが活動をする場なのです。スタッフが利用者の自立を目指して活動プログラムを実施しようにも、母親たちが賑やかにおしゃべりをしているので落ち着きません。母子分離活動を提案してお出かけをすすめましたが、長い間在宅で親子密着の生活をしていた母親たちは、手足がもぎ取られたように感じて、なかなか離れられないのです。

前会長今さんが多忙で退任されたあと、安達副会長も病気で入院、夫が、「市守る会」会長になりました。夫は、早速「つどいの家運営委員会」を組織し規約をつくりました。

そして、年間二十万円の予算が組まれました。市の助成金はゼロ、「市守る会」の安い会費の運営なので、年間二十万円の予算が精一杯です。電話代、水道代、衛生費、消耗品、交通費などで消えてしまいます。印刷費は、チラシや便りをガリ版で手書きし、夫の学校の謄写版で

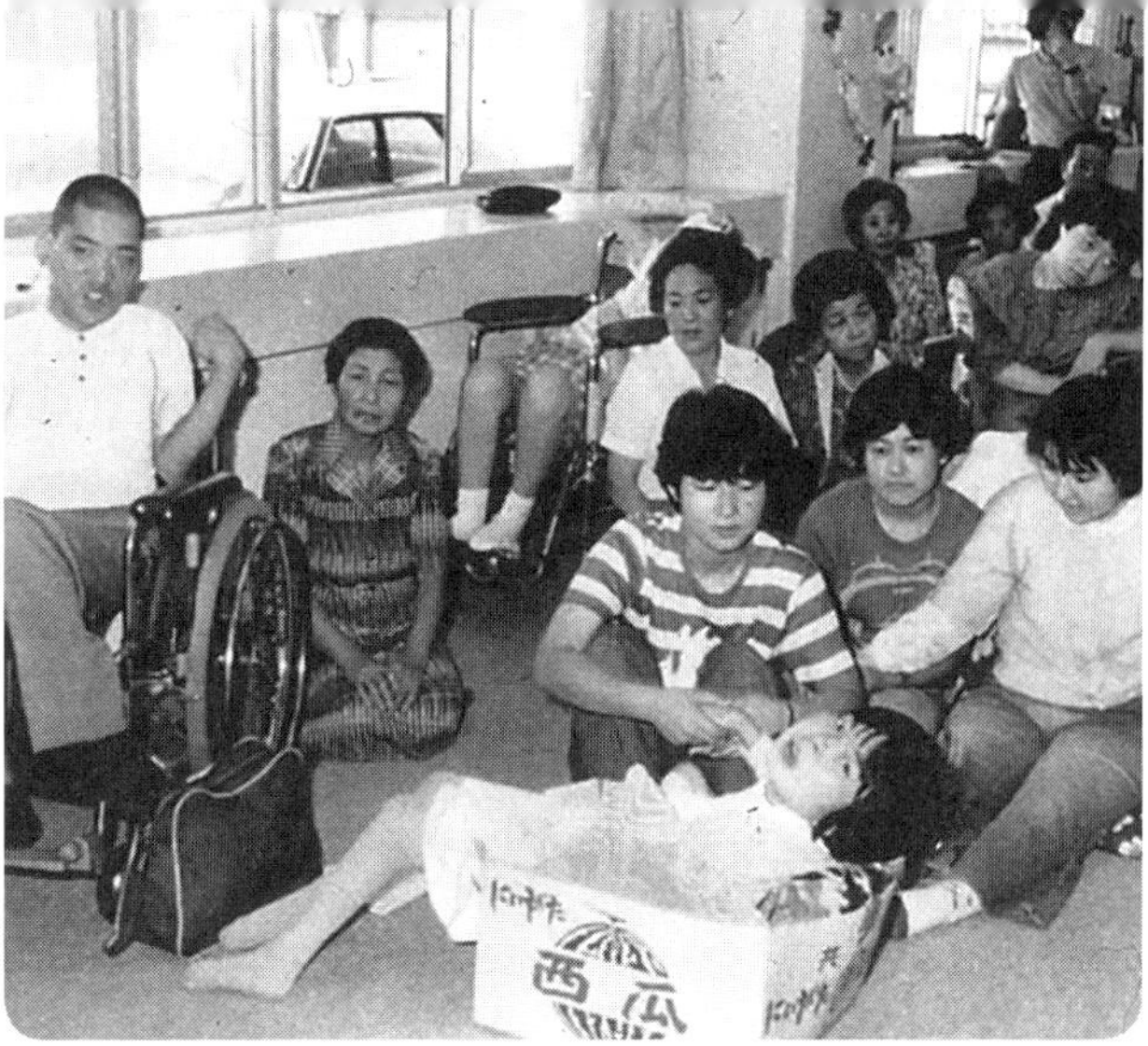

印刷をしてもらっていました。

しかし、そういつまでも、夫に迷惑をかけるわけにもいきません。県の共同募金会に印刷機を買うための寄付をお願いしましたが、社会福祉法人が優先ということで、任意団体は取り合ってもらえませんでした。

そこで私は、「全国守る会」総会出席で上京した折に、勇気を出して全国社協の会長さんの控室を訪ね、情報発信のために印刷機がどうしても必要なことを直訴して、寄付法人を紹介していただきました。

そういうわけで、最初に買った備品は印刷機でした。以来、毎月「つどいの家便り」を出し続け、ボランティア募集や啓発活動をすることができました。

また、最初の年から毎年、利用者全員の一年間の活動をまとめた冊子、「つどいの家の記録」を発行して、啓発のために関係機関に配布しました。利用者たちの笑顔の写真と共に、夫に詩を書いてもらって障害の状態像を表し、私が活動の様子や目標を書きました。

地域の人々の力をもらいボランティアをしていただくことで、母親たちも元気になっていきました。最初のボランティアは、長男の幼稚園の友だちのお母さん芳賀さんです。幼少期の恭子をよく知っている人です。支倉は、市内のど真ん中という地の利もあり、芳賀さんの大学時代の友人を中心に、主婦ボランティアが少しずつ来てくれるようになりました。

しかし、母子分離をして、お母さんたちに子離れをしてほしかったのですが、やはり母親たちは、なかなか子どもを他者に託すことができず、仲間割れしそうにもなりました。何とか、「支倉つどいの家」に来た時だけでも解放してあげたかったのですが……。

一九八四年、「支倉つどいの家」は、無許可の心身障害者通所援護事業として補助事業になりました。

恭子　二十二歳　一九八五年

・職員第一号

一九八五年、「市守る会」十周年記念式典を行い、「十年の歩み」を発行しました。そしてこの年、職員第一号が、「支倉つどいの家」へ赴任してきました。新聞の切り抜き一枚を持って「支倉つどいの家」に訪れてくれた、工藤静さんです。

工藤さんが訪れてくれた時、みんながカーペットに座り込んで足相撲をしている最中でした。重度というイメージからは遠く離れた、明るい笑い声が満ちていることに驚いたそうです。工藤さんは、すぐに溶け込み、給与もろくに払えない現状を知りつつ、「夜はアルバイトをするから職員になりたい」と言われました。後日、「実は、果たして自分に務まるのだろうかと不安があったが、付き合いを重ねるうちに、彼らの未来と自分の未来とを重ね合わせずにはいられなかった」と打ちあけてくれました。

・色々な人を巻き込んで

この頃には、助成金も増額されました。しかし、職員に社会保険も付けることができませんでした。それでも、はじめての男性職員、ボランティア精神あふれる中村克己さんが専任指導員として来てくれました。

日々の活動は、多くの人の目に触れることを意識して、厳寒時も欠かさず散歩に連れ出しました。日光浴、外気浴にもなり、みんな風邪をひくことが少なくなりました。恭子もリズムある生活を継続することにより、てんかん以外の病気をすることはなくなりました。

もっとみんなに、体験を増やしてあげたいと、ボランティアを独自で集め、宿泊訓練や、海水浴にも行きました。

宿泊訓練には、色々な人を巻き込もうと、教育委員会や福祉事務所にも協力の依頼文を出しました。すると、センターで知り合った市のＰＴやＯＴが、仕事を終えたあとに手弁当で手伝いに来てくれるようになりました。教育委員会の指導主事の先生も、夜に個人の資格で参加し

てくれました。海水浴の協力を福祉事務所に依頼すると、「ボランティアはできません、視察に行きます」などと言いながら、座って見ているわけにはいかないと、手伝ってくれるようになりました。

海などに行ったこともない、重度重複障害者を連れ出すのだから、万全の体制が必要です。日赤に、看護師の派遣をお願いしました。各機関も協力してくれるようになりました。学生も集まりました。

母親たちも、「子どもが障害児でなかったら、この歳で水着を着て海に入ることもなかっただろう」と喜々として海に入りました。砂浜では、スイカ割りも楽しみました。

青々と広がる海を前にして、誰も障害があることなどを気にせず、自然な形で助け合って楽しんでいる姿がありました。大自然は懐が深いから、街の中の施設と違って、全部を受け入れてくれたのでしょう。

・有償ボランティアで給食

活動の中で一番の課題は、「食」の問題でした。お母さんたちは、お弁当を作って来る人もいましたが、朝は通所準備や介護で忙しく、慌てて来るので、昼食はあり合わせのもので間に合わせるか出前を取ります。見ていると極端な大食い・少食、偏食が多かったのです。

私は、何とか給食を考えたいと思っていました。利用者にとって必要なのは、生活リズムの獲得と正しい食習慣による健康の確保です。有償ボランティアを探して、給食を始めようと考えました。

人件費がない中で、一対一の支援が必要な利用者には、何をするにもボランティアなしではできません。給食作りに責任を持ってもらうためには、少なくても有償ボランティアにしなければ続かないと思いました。また、バスを乗り継いで来てくれる療育ボランティアの学生にも、せめて交通費を払いたかった……。

しかし、その資金がありません。母親たちに、月千円の運営負担金を出し合うことを提案したら、大反対されました。

自分たちは、ホテルで食事をしたりと贅沢もしているのに……子どもにかかる費用はどこからか出てくるものだと思うのでしょうか……「ボランティアは、無償であるべきだ」、「行政からお金は出ないの?」「どんなものを食べさせられるかわからない」「お金を払うなら、私たちが給食を作る」と言います。

仕方がなく、給食作りを任せることにしましたが、担当の日にドタキャンする人もいて続きません。長い間、重い障害を持つ子どもと一緒にいて、社会と隔絶された生活をしてきたせいか、被害者意識が強く、「世間の人たちが、不幸な子どもたちのためにボランティアをするのは当たり前」と思っている人もいました。

「週二回だけでも、有償の給食ボランティアの導入を認めてほしい」と母親たちにお願いしました。母親たちは、「一日十五食程度を作っていただく給食ボランティアに、一回三時間働いてもらう手間賃として、一回千五百円を支払う」という提案に渋々同意しました。そして、月に一人千円の通所負担金（後年には一万円）で運用することを認めてくれました。食材費は、日々割り勘です。

給食ボランティアは徐々に増え、運営が軌道に乗っていきました。みなさん素晴らしい人たちで、おいしい給食を提供してくれました。

導入を激しく拒んでいた母親たちも、みなさんがそれぞれ忙しい中、時間をさいて来てくれていることに気が付いたようで、前向きになっていきました。そのうち、「毎日給食を続けてほしい」、「負担金を増やしてもいい」と言い出しました。

・子どもが変われば、親も変わる

利用者への支援内容は、まずは休まないで通うことで生活リズムを形成し、楽しく給食を食

べることを目指しました。

最初の頃は、「本音を言うと、通うのは疲れるから来たくない」、「どうせ子どもも良くならないし、うまいもの喰わせてデブにしてもいい。長生きさせなくてもいい、共に死ねれば本望だ」などと、若い純粋な職員に悪態をつく母親もいました。

母親たちのあまりの無理解に、職員やスタッフが涙することもありましたが、「その言葉の裏の悲しさや苦しさを考えてあげて……」「子どもたちを変えることで、親たちも変わるよ」と励まし続けました。

利用者は、どんどん明るさを増し、欠席が少なくなっていきました。利用者の個別の目標を掲げ、スモールステップの「がんばったで賞」などを出すことで、母親たちとも共感の場が増えていきました。重い障害を持つ子どもたちが、職員やボランティアたちを触発し、ボランティアたちが、母親たちを奮起させてくれました。

また、療育ボランティア、収益活動ボランティアも来るようになりました。それまで「何で私たちが内職しなければならないの」と渋々行っていた収益活動でしたが、運営にお金がかかることを理解し、待機時間は布ボール作りに励むようになり、自分たちも頑張ろうという前向きの意識が育ち、母親たちはバザー開催にも積極的に動くようになりました。

そして、やっと週六回の通所を保障できるようになりました。

夫は、多忙であまり動けませんでしたが、会長として、運営委員長として、組織の運用を誤らないように的確な助言をしてくれました。

・年一回の健康相談が実現

「支倉つどいの家」利用者には、歩行ができないことや多動などの理由で、通院から締め出さ

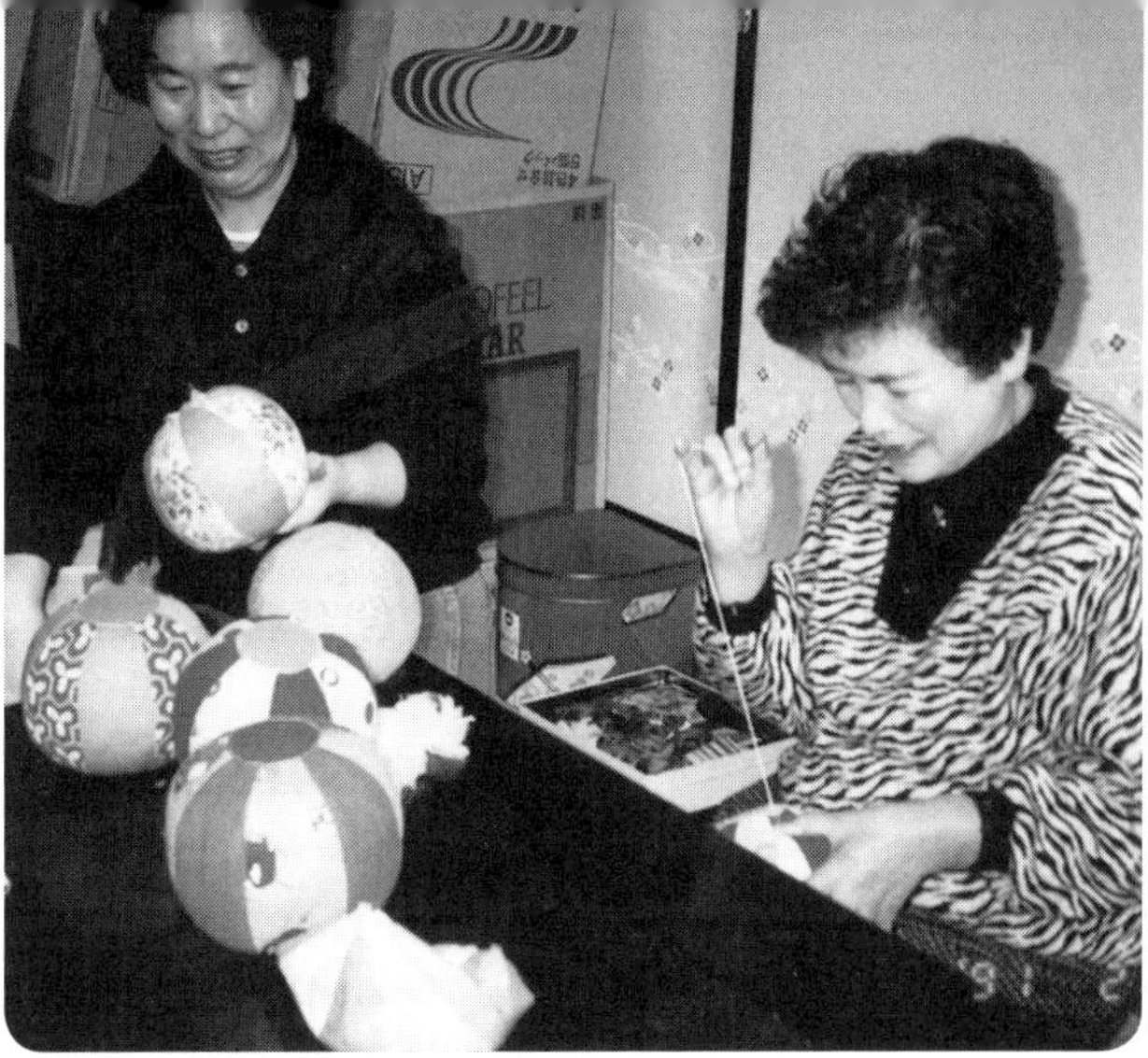

れている人たちがいました。
親のほうも、泣き叫んだり、大人しく診察を受けられない子どもの様子がトラウマになっていたり、周囲に迷惑をかけることを気にして、よほどのことがなければ医者にかけようとしない人もいました。
風邪をひいても、高熱が出ても、医者にかかろうとしません。そこで、市衛生局に交渉して、保健所長の相談日を設けてもらいました。
相談したからといって、医療を施すわけではありませんでしたが、母親たちの不安を少しでも和らげること、医療から疎外されている者たちがいることを、公に認知してもらうための問題提起の目的もありました。

●一九八一年～一九八五年　重症心身障害児（者）の地域福祉運動

一九八一年、「国際障害者年」。一九八二年、宮城県で「全国重症心身障害児（者）を守る会」の総会が開催されました。「市守る会」は、重い障害のある人の通所施設の必要性と制度化を訴えました。ここで、重い障害のある人たちの歯科診察について紹介します。

「市守る会」発足当時から、市の衛生局に「重症児・者たちの歯科検診・診察が十分にできるように」と要望を続けてきました。それを受けて、一九八二年、保健センターに「仙台市障害者歯科診療室」が開設されました。

しかし、重い障害の多動な子どもの母親の多くは、過去の通院時の深い深いトラウマがあり、子どもが虫歯だらけで行きたくとも、なかなか通院につながりませんでした。制度に血を通わせるにはどうしたらいいのだろうと考え込みました。

一九八五年、「つどいの家」では、障害者歯科診療所との連携を進めました。職員は、できる限り付き添って通院をしましたが、人手がありません。まずは、歯科スタッフの障害の理解と信頼関係構築が必要でした。そこで市は、歯科衛生士を、研修という形で「つどいの家」に派遣してくださり、三カ月かけて障害者との付き合い方を学んでいきました。すると、すぐに利用者たちと仲良くなり、理解が進みました。

それからは、いきなり治療することはせずに、歯磨き指導から始まり、本人の気持ちに寄り添った本人のペースに合わせた治療をしてくれるようになり、親たちは安心して通院するようになりました。また、治療の前に予防からと、歯磨き指導に何度も訪れてくれたことは、お母さんたちの意識改革につながっていきました。

一九九四年からは、仙台歯科医師会に委託され、「仙台歯科福祉プラザ」として継承されました。市営と違って営利も考えなければならない能率的な診療は、重い障害のある人を通い辛くさせましたが、何度も医者たちと話し合うことで、本人たちとの意思疎通を図りながらの治療を進めてくれるようになりました。

わかってもらう努力をすることが大切なのだと感じました。

6章

二十三歳〜三十歳

地域で共生するために「つどいの家」拡充

恭子　二十三歳　一九八六年

・「つどいの家」の職員たち

一九八六年、心身障害者通所援護事業への市助成金が増額し、指導員も二名となりました。「つどいの家」が期待されるようになり、やっと希望が見えたのに、職員第一号の工藤さんが辞めることになりました。幸いにも、すぐに井上朋子さんが職員を志望して来てくれました。安月給なのに……井上さんは、ケースワークの大切さを教えてくれました。

一九八七年、またもや「つどいの家」二番目の職員、中村さんが結婚して、郷里の兵庫県に帰ることになりショックでした。ボランティア精神で、自主的に「つどいの家」を選んで就職してくれたいわば恩人です。

しかし、中村さんの後任の男性職員を見付けるのは難しい……何しろ職員の社会保険もかけられないのです。しかし、中村さんは学生時代のボランティア仲間だった石道さんを強引に口説いて連れて来てくれました。石道さんとその後に赴任した渡部さんは、法人設立にも関わってくれ、長い間苦楽を共にして、大きな力となりました。その後、新卒の、福祉大でソーシャルワークを学んだ女性職員目黒さんと、保育士の村上さんも自ら志望して加わってくれました。

その年のキャッチコピーは、「広げよう、広がろう」と決め、後援会発足のために動き出しました。この年は、職員の社会保険加入資金をつくることが大きな目標でした。それと共に、「つどいの家」の理解者が大きく広がることを願ってのキャッチコピーでした。

私は、様々な情報誌に投稿して発信に努め、学生のボランティアが共に汗しようと来てくれるようになりました。その年の「つどいの家の記録」に学生の原稿が残っています。

私は、「センダードマップ」という本で「つどいの家」の存在を知った。そこに下郡山和子さんが書いた「地域で共に育ち合う場」という言葉に魅せられ、つい電話してボランティアを始めた。働きかけの連続を積み重ねることで、お互いの関係は変化していけると思う。ボランティアというのは、お手伝いだけではなく、「つどいの家」を構成する一部分で

ありたい、共に生きていく一人として関わっていきたいと思う。

彼女は、二年間ボランティアをして、福祉大卒業後、「つどいの家」の職員になった小松崎さんです。

・「つどいの家」拡充に向けて

養護学校を卒業した重い障害のある人たちが、小規模作業所からはじき出され、「支倉つどいの家」を頼って来ます。利用者が増え、満員になり、活動に支障が出てきました。重い障害のある人を受け入れる場が他になかったので、みんな遠くから通って来ていました。

プレールーム一部屋だけの狭い空間での活動で、利用者はストレスが溜まり、パニックの原因になったりもします。機能訓練などをする室内活動と、散歩などをする外出活動に分かれて活動をするのですが、人手が足りません。利用者が十七名にもなってしまい、毎日の受け入れが難しい状態になっていました。

しかも、市内全域から通って来るので、母親たちの負担も大きい。「みんなが通いやすい、地域に『つどいの家』がほしい」という声が高まっていました。どこにも行けずに在宅になってしまう人を見過ごすわけにはいきません。市に、増設の要望をしました。

一九八八年、行政側も義務教育卒後の重い障害児の進路に頭を痛めていたので、要望書を受けて渡りに船とばかりに、今度は市のほうから土地の貸与と助成金を予算化し、もう一つの「つどいの家」の立ち上げを提案してきました。

この頃、社会参加活動にも力を入れていました。社会の人たちに彼らの存在を知ってほしくて、毎年盛大にクリスマス音楽会を開き、たくさんの人を招待しました。街でイベントがあると、あちこちに出没しました。

また、自立、作業訓練も始めました。母親やボランティアとの共同作業が、手先の訓練、集中力、責任感の育成となりました。さらに、バザーなどで販売することで、社会とつながる機会にもなりました。「参加と平等」に向かって、実践するしかありません。

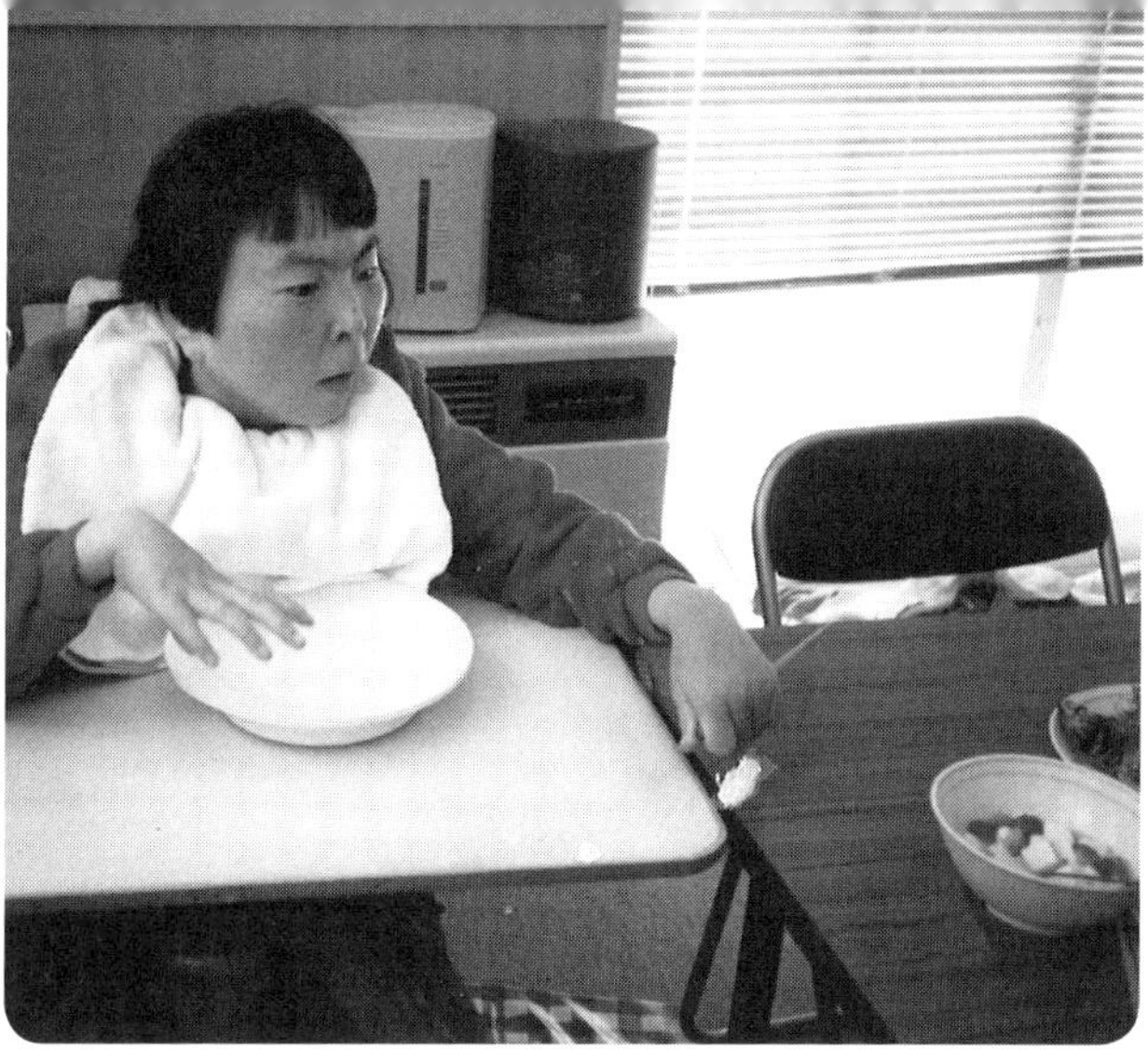

・法人化に向け「つどいの家」後援会を発足

何とかすべく、あれこれ飛び回って情報を集めているうちに、神奈川県にある、訪問の家「朋」のことを知りました。早速見学に行って「これだ」と思いました。訪問の家「朋」では、精神薄弱者福祉法の運用で、重症心身障害者のための通所更生施設の認可を受けていました。

神奈川県でできたことが、宮城県でできないはずはないと、宮城県と交渉することにしました。しかし、資金がなければできません。運営資金や、社会福祉法人取得のための資金を獲得するために、訪問の家「朋」のように後援会を発足させるしかないと……。

親たちの中には、「今の現状に満足しているから、法人取得の必要はない」と言う人もいました。とにかく、無認可施設のままではこの事業を続けられません。見切り発車で会員募集を始めました。私は、人に会いさえすれば、「会員になって手伝ってほしい」とお願いしていました。今思い出せば、随分と厚かましく迫ったのであろうと、冷や汗……。

「市守る会」総会で、社会福祉法人化を目指すことを承認されました。また、正式に「つどいの家後援会」を発足させました。

後援会を発足させたものの、最初はみんなの動きにならず、誰かが何とかしてくれるだろうと積極性がありませんでした。そこで、この年の「つどいの家」のキャッチコピーを「社会の一員として」としました。利用者も保護者も、誰もが社会の一員として地域で生きる権利があり、役割があることを考えてほしかったのです。

そして、宮城県内の社会福祉法人「ありのまま舎」や「共生園」などの実践を紹介したことで、お母さんたちも目を開いて、少しずつ力を出し協力してくれるようになっていきました。

私はよく、「何かをしようと思えば、自分の大切なもの（お金）を出すか、自分も身を粉にして働く（バザーなどで働く）か、自分がお金も時間もなくてできなければ、せめて、頑張っている人の足を引っ張らないで、頭を下げることも必要じゃないの」と語りかけていました。とにかく、みんなを巻き込むことに必死でした。

後援会の初代会長は、前盲学校校長狩野先生に引き受けていただき、みんなで会員募集に飛び回りました。会計は、元銀行勤めのお母さん阿部さんに。幸い、市役所に出入りして知り合った役人さんたちが会員になってくれて、後援会の幹事も引き受けてくれました。ポケットマネーで応援してくれる人もいました。ボランティアさんも奔走してくれました。しかし、それだけでは限界でした。

・二十年ぶりに同窓会に

その頃、出身中学の同窓会を東京で開くという案内が来ました。幸い恭子は、養護学校通学や、「つどいの家」の通所などでの、多くの人との関わりによってたくましくなり、一日二日なら、他人の介護にゆだねても過ごせる体力や心が育っていました。宮城県の保養施設、「希望の家」で、重い障害のある子の短期預かり制度ができたことも、背中を押してくれました。私は、思い切って同窓会に出席することにしました。結婚後、はじめての出席です。

二十年ぶりに会った友人たちに恭子の現状を話し、社会福祉法人を立ち上げるために資金が必要なのだと、協力をお願いしました。友人たちは、大企業や霞が関で働いている人、医者の奥さんに収まっている人もいました。

私の今の生活感とあまりにも違っていましたが、みんな私の話に耳を傾けてくれて、後援会員になり、その後何年もバザー物品や寄付金を送ってくれた人もいます。私は、人に恵まれたとつくづく思います。

みんながそれぞれのつながりを大事にしたことで、後援会の積立金は五年間で一千万円になり、法人取得の際の原資の一部になりました。

恭子　二十六歳　一九八九年

・「八木山つどいの家」が開所

一九八九年、仙台市より八木山地区の集会所だった土地と建物の提供を受けて「八木山つどいの家」を設置することができました。母親たちはあれほど「家に近い所に通いたい」と言っていたのに、いざ移る話をすると、「どんな職員が来るのかわからない」、「ボランティアが集まるとも限らないから、移りたくない」と言い、私は母親たちを説得するために、必死でボランティアを確保しました。

この時集まってくれた方々は、みんな長い間続けてくれています。母親たちも心を開き、良き隣人となりました。また、東北大や宮城教育大の学生たちも来てくれるようになりました。

しかし、厳しい運営が続きました。職員の社会保険料も払えない状態で、園長は雇えません。私は、「八木山つどいの家」の園長も兼任し、何度も支倉と八木山を行き来しました。恭子は、私と一緒に誰よりも早く出勤し一緒に帰宅しました。利用者がみんな帰っても、私の仕事が終わり、退勤する時間まで、布団に寝せておくしかありませんでした。恭子にとっては負担が大きかったと思います。

しかし、母親たちから、「親なのに報酬をもらうのは腹が立つ」と嫌味を言われ、嫌がらせを書いた匿名のはがきも届きました。会からは、月二万円の報奨金が支払われているだけで……こんな仕事をすれば、交通費や電話代、交際費がかかり、いつでも持ち出しです。私は誰よりも努力している自信があったので、あえて報酬を受け取りました。

女もプロにならなければ、いつまでも女性の地位は上がらないと……。自分の楽しみを見付けて、「余裕のある顔でみんなに接しなければリーダーは務まらない」と、気持ちに余裕を持って頑張ろうと考えました。

さらにこの年は、悲しいことが続きました。利用者の病死に続き、長男が八月に早逝して、夫も私も打ちのめされていました。しかし、やりかけた仕事を放り出すわけにはいきません。前

に歩き続けなければ……「つどいの家」のキャッチコピーを「くちびるに歌を」にして乗り切りました。

・「ふれあいフェスティバル」を開催

全国社協が、私たちの地域福祉活動の様子を「映像にしたい」とやって来たことには驚きました。その映像は、全国の社協に配られ、千葉県に住む義姉からも「見たわよ」と電話があり、二度びっくりです。元気をもらい、「もっと声を大きく出していかなければ」と、力をもらいました。

そして、行政に要求するだけではなく、市民を巻き込み実態を知ってもらうイベントを企画しました。

「ふれあいフェスティバル」（以下「ふれフェス」）です。障害者と市民が共に楽しめる夜祭りを開きたかったのです。一九九〇年八月と一九九一年八月に、仙台市都心部にある勾当台公園で、障害者が参加できる夏祭りを開催しました。かねてから、重い障害のある子と母親たちに、夏の夜祭りの楽しさを体験する機会をつくりたいと思っていました。

また、社会福祉法人資格取得のためには、市民権を得る必要があります。市民啓発と収益活動をかねて、「ふれフェス」を企画し、野外コンサートのコラボを思い付いたのです。

市民に広く呼びかけて、実行委員を募ることにしました。ボーイスカウト、ガールスカウトを束ねる平岡夫妻や、その友人たちが模擬店を出してくれ、職員やボランティアが、朝顔市や氷水屋さん、金魚すくいなどを担当、会員たちは、町や商店街で協賛金を募りました。

私は、あらゆる演奏家を探しコンサート出演者をコーディネートしました。野外コンサートの司会は、東北放送の橋本アナウンサーにお願いしました。

「ふれフェス」は、大成功でした。広い勾当台公園が二千人の観客で埋まり、「市守る会」の「つどいの家」の名は、福祉界にとどろき、マスコミにも大きく報道されました。そして、「市守る会」の会員たちの団結力も一層強まりました。

・「若林つどいの家」が開所

通所施設は、「通いやすい、住んでいる地域に点在するべきである」という信念のもとに、もう一つの小規模施設の建設を決意しました。会員の承諾のもと、一九九〇年に、「若林つどいの家建設準備委員会」を発足しました。

母親たちには、資金づくりのための布ボール作りや募金箱の管理をお願いしました。また、さらなる資金づくりのために寄付を求め、建設予定地の近くに住む母親と共に、若林地区の医院や、花屋さんや、飲食店に頭を下げて回りました。そして、一九九一年、三つ目の「若林つどいの家」が開所しました。仙台市も建設費の助成をしてくれました。

各所に園長を配置する人件費も人材もいなかったので、私が三カ所の事業所の園長を兼任するしかありませんでした。恭子も、新しい事業所ができる度に、私と一緒に移りました。

恭子　三十歳　一九九三年

・精神薄弱者通所更生施設「仙台つどいの家」が開所

一九九一年、「市守る会」の「法人設立発起人会」と、「設立準備委員会」を発足させました。設立発起人は、地域から百人集めなければなりませんでした。私は、仙台市で育っていないので知り合いが少ない、人と付き合っている暇もないので限られている人しか知らない、と考えていましたが、お世話になった人々に声をかけると、つながりがつながりを生んで、たちまち百人が集まりました。案ずるより産むが易しでした。

一九九二年六月に、法人認可が下りました。「国際障害者年の十年」の最終年でした。任意団体だった「市守る会」は、「社会福祉法人仙台市重症心身障害児（者）を守る会」となり、第一回理事会で、理事長に夫が選出されました。

そして、一九九三年四月に、精神薄弱者通所更生施設「仙台つどいの家」が開所し、施設長に私が就任しました。定員三十名、恭子を含めて重症心身障害者八名も入りました。

無認可施設「支倉つどいの家」を発足させてから十年の月日が経過し、十一年目のこの年に、認可施設「仙台つどいの家」を開設できたのです。「継続は力なり」ということを、つくづくと実感しました。この間の「市守る会」会員と、「つどいの家」の保護者の頑張りはすごいものでした。母親たちと共に苦労したこの記憶は、一生の宝、絆は消えないと思います。

「つどいの家」の原点は、私や私の仲間の子どもたちが、重度障害のために通所させてくれる施設や学校がなかったことの悲しみと怒りでした。「どんな人も差別したくない、一人ひとりを大切にしよう」という思いで、試行錯誤しながら、重い障害のある人の活動内容を生み出してきました。


「仙台つどいの家」を開設し、さらに多様な障害の人たちを受け入れるようになりました。誰だって、それぞれ色々なものを背負って生きています。地域社会は、様々な人々がいて成り立っているのだから、多様性に応えられる施設づくりを目指さなければならないと思いました。

「仙台つどいの家」は、三十人の通所者のうち半数は中軽度者です。職員たちとは、「これからは、職員の創造力が問われる。精一杯の努力をしよう。また、一人ひとりを大切にした支援のためには、人的な配置が不可欠なのだから、実践しながら職員の加配をしてもらえるように息の長い運動をしよう」と話し合いました。多様な人々と、協調していける共同体・街づくりこそが、真のノーマライゼーションの実現につながると確信していました。

施設運営での最初の大きな壁は、人件費の問題でした。国の法律では、利用者七・五人に職員一人の体制でした。そこで仙台市は、全国に先駆けて、重度重複障害のある人たちの通所施設のための補助金を付けてくれました。それでも、様々な障害を重複している人たちの一人ひとりを大切にした支援には人件費が足りず、安全確保に不安がありました。

その時の苦労を分かち合ったのが、「仙台つどいの家」の保護者たちです。職員が支援に専念できるよう、給食の配膳や草むしり、トイレ掃除をかって出てくれました。

「仙台つどいの家」発足を巡って、河北新報社が特集を組み記事になりました。そして、全国から見学者が押し寄せました。

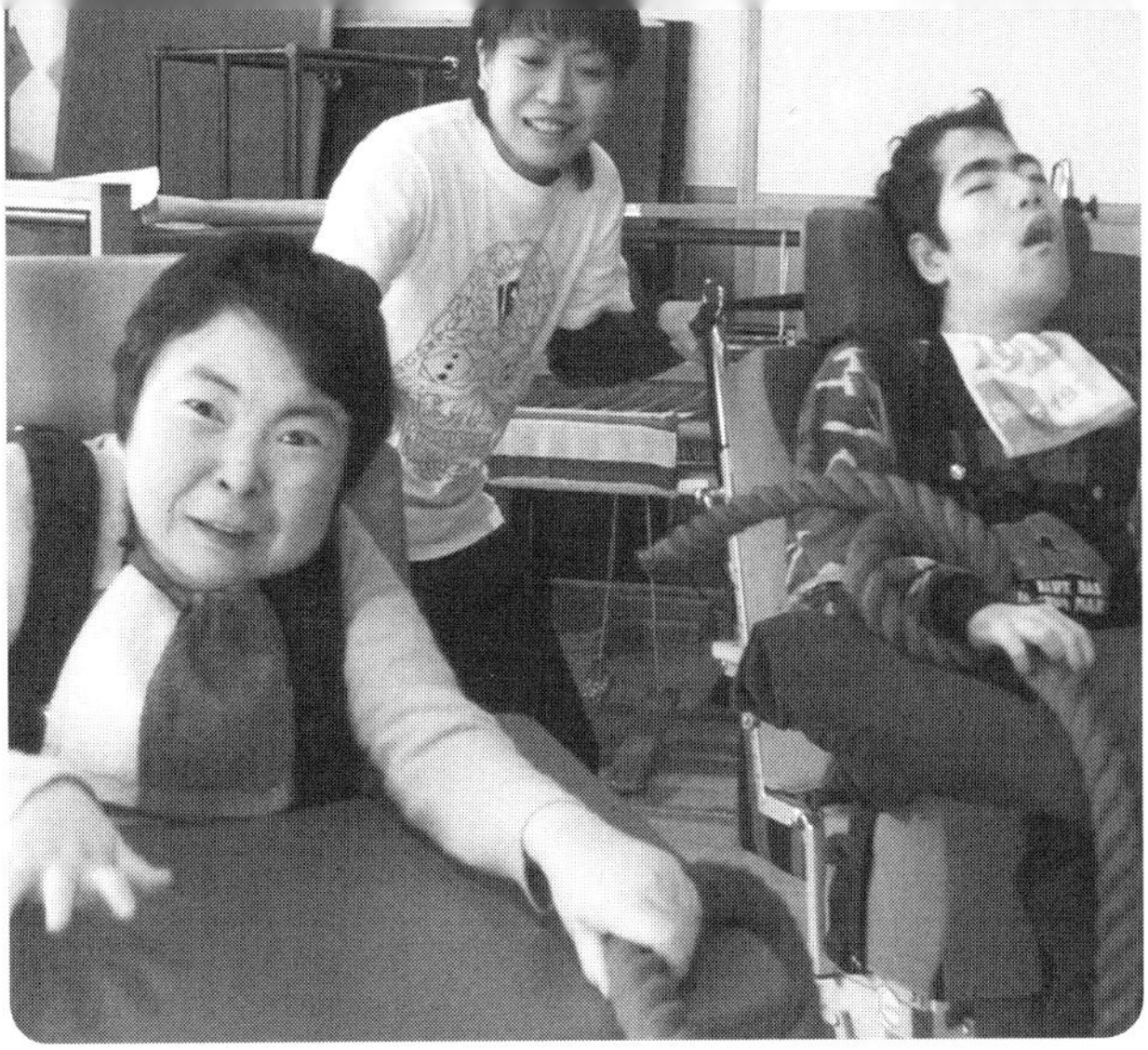

「仙台つどいの家」の基本理念を、「どんなに重い障害のある人も、一人の人間として、その人間性が尊重され、いきいきと地域で暮らせるよう自己実現の場を保障し、援助することを目指します」としました。ノーマライゼーションの具現化を目指したのです。私は、職員育成のためには資金を惜しまず、先進県の施設見学をしながら職員たちの目を開くように心がけました。横浜の訪問の家「朋」の実践に刺激を受け、いい職員が育ちました。

そして、私は「仙台つどいの家」を運営するにあたって、利用者と支援者の目当てを書いたパンフレットを作成し、玄関には大きく「存在の豊かさ」という標語を掲げました。

・地域に

一九九四年、宮城県知事に浅野史郎氏が就任し、「宮城県を日本一の福祉県に」と、「みやぎの福祉を考える百人委員会」を発足させました。私も、その末席に座らせていただきました。何しろ、全国の福祉のプロたちが喧々諤々語るのです。すごい刺激を受けました。キーワードは、「地域福祉、利用者中心」。私のこれまでの運動に間違いはなかったと確信が持てました。これからも、街づくりの視点で進もうと思いました。

早速、地域活動に取り組みました。利用者は、介護や支援を受けながら、散歩や文化施設利用と街にくり出しました。そして、「小さい時から触れ合うことで偏見をなくしたい」と考え、地元の小学生を交えた年四回の「地域交流誕生会」を用意したり、冬休みには、コマ回しや凧揚げ大会なども企画しました。

企画は大好評で、その頃参加した小学生が中学生になると、バザーや秋祭りのボランティアをし、大学や専門学校を卒業すると、職員になるという流れもできました。

また、広報活動にも力を入れました。毎月施設便り「とんがらし通信」を町内二千世帯に配布したことで、最初は建設反対運動もあった地域でしたが、日増しに人々の眼差しが優しくなり、地域の主婦たちがボランティアに来てくれるようになりました。草刈りを引き受ける労働組合や子ども会もありました。

地域の人が、多様な人たちと触れ合う機会となり、そして、障害のある人たちが人々を触発していきました。これらの活動は、共生社会づくりの第一歩だと考えていました。

コンサートも開催しました。様々な人たちを招き、毎年楽しみました。「仙台フィルハーモニー」のメンバーによる弦楽四重奏や独奏・独唱の時には、楽団の追っかけの人もいて、普段は施設に足を運ばないような人がお金を払って来てくれました。利用者からも、社会性を持たせるために、わずかですがちゃんと入場料を取りました。

公共のホールには親も遠慮して連れて行ったことがない人も多かったのですが、「仙台つどいの家」のホールが会場だから、伸び伸びと体を動かし楽しんで聴いていました。コンサートを聴きに来たことをきっかけにボランティアになった人もいます。

ここで、「つどいの家」で苦楽を共にし、別れていった職員を紹介します。彼らは、それぞれ「つどいの家」を原点とし、新たな居住地で理念を受け継いで活動しています。

職員第一号の工藤さんは、三年間勤め、「つどいの家」の基礎を築いてくれました。私と考えが合う行動的な人でした。しかし、結婚を決めた人が神戸に行くことになったために辞職し、子育てが一段落すると、兵庫県の重心施設「砂子療育園」に勤めたのち、芦屋市の市会議員として活躍しました。震災の時は、真っ先に支援に駆け付けてくれて「私の原点はここだから、『つどいの家』を失くすわけにはいかない。阪神大震災の時にお世話になったお返しだ」と、寄付もしてくれました。

工藤さんの直後に来てくれたのが井上さんです。彼女も、高知県に赴任する人と結婚し辞職。高知県に移住後、縁あって高知小鳩会（ダウン症親の会）の親亡きあとの安心のために、「子どものもう一つのわが家をつくる」という考え方に賛同し、職員となったとのことです。しかし、ほどなく彼女は、「つどいの家」の運動を継承して、現地で小規模通所作業所を立ち上げました。時々届く便りには、「つどいの家は原点」と書いてきてくれます。

伊藤さんは、「支倉つどいの家」に赴任して以来、結婚して目黒さんとなっても、人手不足の中、産休制度も十分じゃない中、大きなお腹でも頑張ってくれました。悩んだ挙句退職ということになってしまいましたが、彼女も子育てが一段落し、居住地の小規模作業所に勤めたあと、社会福祉法人「みのり会」の職員となり、重症心身障害児を受け入れて支援に努めています。

「若林つどいの家」に赴任してくれた小松崎さんも、結婚退職し福井県に行ってしまいました。彼女も重い障害のある子の通所の場を目指し、福井県の作業所「げんきの家」の法人格を取得する主力となりました。看護師の資格を取得し、施設で医療的ケアの必要な重症心身障害者を受け入れるシステムをつくったあと、相談員を務めています。

「つどいの家」の精神は、受け継がれているのです。

7章

三十一歳〜四十七歳

地域でいきいきと自立して生きる

恭子　三十一歳　一九九四年

・医療的ケアのある人の通所の受け入れ

施設運営が順調に進み始めた頃、課題が出てきました。日中活動施設があるだけでは、ノーマライゼーションの実現はできません。三百六十五日二十四時間、地域生活が無理なくできるための資源が必要です。課題は、「ショートステイの問題」です。

ショートステイの制度はできましたが、実際は使い勝手が悪く、家族は負担が軽くなっても本人にとっては辛いものでした。個別対応の必要な人を安心して預けられるものではありませんでした。ショートステイは、既存の巨大な入所施設を利用した集団支援で、重篤な介護の必要な重い障害のある人や自閉症の人が過ごす場所としては、無理なのです。恭子も十日間預けただけで、重い褥瘡《じょくそう》を患ってしまいました。

私は、一対一の支援が必要な人へのサービスがないかとあれこれ調べました。そして、レスパイトサービスの概念に出会いました。レスパイトサービスは、本人にできるだけストレスをかけないよう、親も安心できるよう、慣れた人と場所で一対一の介護をする事業です。

早速、先行実施施設の滋賀県「れがーと」北岡さん、埼玉県「昴」の曽根さんから資料を取り寄せ、職員の学習会をしました。通所施設があるだけでは、重い障害がある人の地域生活は実現できないことを痛感しました。レスパイトサービスについて、行政や、保護者たちに知ってもらいたいと思い、当時、「東京さいわい福祉会」の職員だった根来正博さんを講師として、セミナーを開きました。

何としても、レスパイトサービスを始めようと思いました。そのためには、レスパイトサービスのための宿泊棟が必要だと思い、「当たって砕けろ精神」で寄付法人を訪ね回りました。しかし、あえてなるべく普通の家に近い設計にしたことがまずいらしく、「訓練のためのスペースをつくれ」と言われたりもしました。レスパイトサービスは、「くつろぎの場にしたい」、なるべく、「ふつうの暮らし」ができる設計にしたい……こちらの思いを説明するうちに、日本馬主協会が理解を示し、建設資金の補助が決まりました。理事会にかけ、「仙台つどいの家」敷地内に宿泊棟「すてっぷ・はうす」を建設することになりました。職員は、有償ボランティアをかって出てくれました。アルバイトも雇い、一九九六年に、法人独自のレスパイトサービスと自立体験ステイ事業を始めました。

親たちの間に噂が広がり、よその法人の利用者も押し寄せました。この事業は、ニーズが高かったのです。そして、仙台市は「つどいの家」の動きに注目し始めました。

また、一九九七年、国の「障害者プラン」を受けて、重症心身障害児（者）通園事業（B型）の開設に踏み切りました。国の予算で、看護師、保育士、療法士の人件費を出すというのです。

しかし、医者が常駐しない施設には、看護師の定着が難しく、また、一人だけでの配置では看護師は年休も取れません。

医療的ケアがあるという理由だけで、通所を断るのは理不尽です。「つどいの家」は、通所を希望する人はどんな人でも受け入れようと思ったのですが、看護師がいません。看護師がいない時はどうすればいいのだろうかと、悩みました。

そんな時、仙台往診クリニックの川島先生が、力強い助言をしてくれました。「親も簡易な研修でケアができているのに、支援員ができないはずがない。研修に来てくれれば教えるから、頑張って事業を続けてほしい。目の前で痰が絡んでいる人を見過ごすわけにはいかないでしょう」と、勇気付けてくれました。医療的ケアは生活行為だとも……ありがたかったです。

そのうち、嘱託医で光ケ丘スペルマン病院の野呂先生や、拓桃医療療育センターの小児科医田中先生も研修を引き受けてくれました。利用者の主治医でもあったので、職員が通院援助で行った時にも研修をさせてもらいました。職員の不安は拭われ、自信を持ってケアを行うようになりました。

看護師だけではなく、療法士の確保にも苦労しました。「つどいの家」だけが頑張っても広がりません。「つどいの家」だけではなく、各法人に委託してくれるように市に要望しました。

一方、一九九八年には、「つどいの家」が単独で始めていたレスパイト事業が、市単独の補助事業となりました。自治体での住民サービスとなったのですから、地域福祉を進める大きな転機となりました。徐々に他法人でも取り組み始めたことも、大きな成果です。

この廉価で安心して介護代行を頼める事業ができたことで、仙台市の障害がある子どもの母親たちはどんなに助けられたことでしょうか。

しかし、自立体験ステイには補助金が付かないことになりました。「つどいの家」の利用者の将来を考えると、自立体験ステイは不可欠です。将来のグループホームを見据えて、法人単独で細々と自立体験ステイを続けました。


この頃、私が「街づくり運動」の一環として始めた、「公共施設のトイレに介護用ベッドを設置する運動」が実りました。設置が、仙台市福祉整備の指針として位置付けられたのです。その後、仙台市の公共機関には、私が提案して意匠登録した壁かけ式ベッドを備え付けるトイレが多くなりました。仙台市のトイレはさらに進化し、「ひろびろトイレ」となりました。

また、仙台市の地下鉄東西線には、各トイレに介護用ベッドが備えられ、各駅にエレベーターが設置され、車両は段差なしで乗り込め、車内には車椅子スペースが設けられ、全駅にホームドアが設置されました。そして、仙台市地下鉄東西線は、国土交通省大臣より「バリアフリー化推進功労者表彰」を受けました。私も少なからず貢献できた。喜ばしいなと思っています。

恭子　三十五歳　一九九八年

・恭子にヘルパーを

この頃の私の日々は、まさに怱忙《そうぼう》を極めていました。朝起きてすぐ、洗濯、掃除をしながら朝食を整え、全面介助の恭子の着替え、排泄、食事、歯磨き、整容を行います。夜は、三時間おきのおむつ取り替え、体位交換をし、始終恭子のてんかん発作に起こされ、気道を確保しなければならないこともありました。

そして、夫を職場に送り出してから、助手席に恭子を乗せ、雨の日も風の日も休むことなく車で四十分かけて、「仙台つどいの家」に急ぐ毎日をくり返していました。

帰宅はいつも七時過ぎで、それから家族の食事の用意をし、恭子の食事、服薬、歯磨き、排泄、入浴の介助、そして、掃除洗濯など延々と家事があります。「つどいの家」でも、待ったなしの、気が抜けないことが次々起きる日々です。まさに、スーパーウーマンにならざるを得ませんでした。

でも、仕事は苦しいけど楽しかった。職員も保護者も同じ理念のもとに集い、互いの力を出し合っているという手応えが感じられました。日増しに利用者の笑顔は増えていき、学校からの引継ぎで、多動ですぐパニックを起こすと言われていた人たちも、落ち着いて過ごすようになりました。

一方で、私が仕事を終えるまで、恭子は静養室に寝せられっぱなしのことが多くありました。各部門の打ち合わせ、ケース会議、職員会議……利用者が帰ったあとほど、仕事は山とあります。恭子がいたから、「つどいの家」を発足させたのですが、恭子は「つどいの家」の被害者かもしれない……そんな状態が続いていました。

しかし、私は、この仕事をやり遂げなければならないと思い、つい仕事に夢中になってしまいます。恭子の幸せを願ってこの仕事を始めたのに、本末転倒です。黙って耐えている恭子が不憫でした。

発作も増えてきて、てんかん薬の調整も必要なのですが、じっくり検査に行く時間も取れませんでした。

私は、友人を口説き、恭子を彼女の息子の送迎に便乗させてもらい、わが家に車で送り届けてもらうことにしました。そして、自費で雇ったアルバイトの女性に、私が帰るまで遊び相手や見守りをしてもらうことにしたのです。

・「つどいの家」にもヘルパー制度が必要だ

レスパイトサービスは立ち上げていましたが、あくまで親が疲れた時に、ほっと一息するためのサービスで、親の就労支援としてあるわけではありません。預けられる時間数も限られています。私だけが、規則を破って多く利用するわけにはいきません。ヘルパーを使えれば解決できるのですが……ヘルパー派遣はしてもらえませんでした。

仙台市には、在宅重症心身障害児のためのヘルパー派遣制度がありましたが、当時は施設に

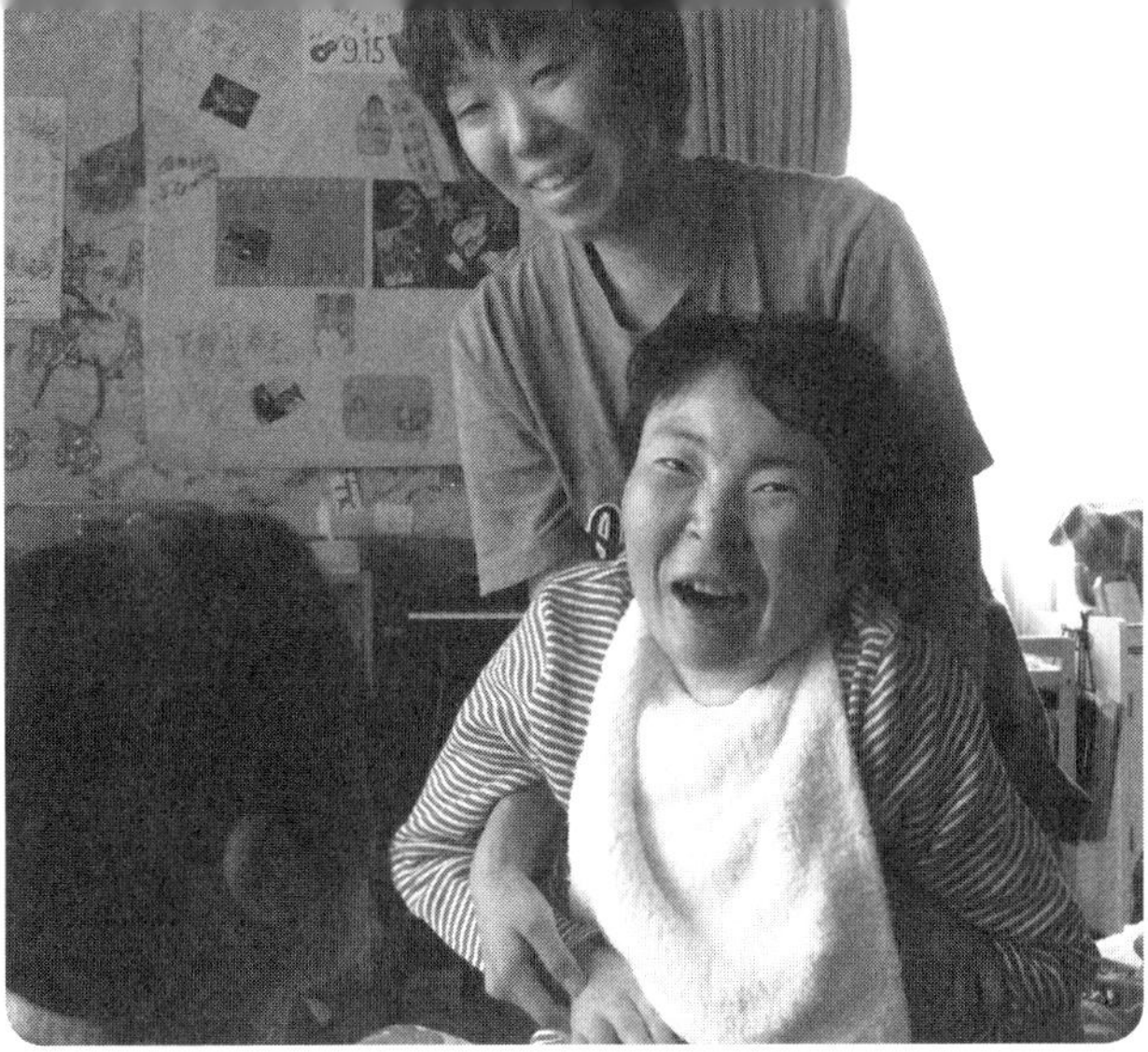

通所している人は対象外とされ、しかもヘルパーの不安を和らげるために、家族が一緒にいることが求められました。本人が豊かな時間を過ごすためのヘルプではなくて、どちらかというと「親をヘルプする家庭奉仕員制度」でした。

私は、家族の支援ではなくて、本人のためのヘルパー制度が必要だと思いました。「つどいの家」にも、ヘルパーを活用できれば、本人の生活の質がグーンと上がると考える人がたくさんいました。

また課題が出てきてしまった……そして私は、ヘルパー制度の確立のために奔走するのでした。

恭子　三十六歳　一九九九年

・「仙台つどいの家」敷地内に「パン工房めいぷる」を設置

一九九九年、夫が教員を退職し、私が代行することが多かった理事長職にやっと本腰を入れてくれるようになりました。仕事を離れて、夫や恭子と毎日顔を合わせて触れ合うこともできるようになりました。

「つどいの家」の利用者のケースワークを続け、保護者アンケートを重ねるうちに、課題が次々と出てきました。

利用者の中には、「働きたい、お金がほしい」という思いがある人もいますが、就労にはなかなかつながりません。いくつかの作業を実施しましたが、向き不向きがあります。そこで、選択の幅を広げるためにパン作りに挑戦することにしました。その時、職員のパン作り実習を引き受けてくれたのが、京都の「相楽作業所」でした。趣味的活動で始めたパン作りでしたが、その後、自立支援法による就労支援B型に結び付けようとしました。

しかし、給付金が出る条件が厳しすぎてハードルが高い……競争の激しい資本主義経済の中で生産性や効率性を求められると、重い障害のある人がお金を稼ぐことは、安心や安全や健康生活、また、尊厳などまでもを犠牲にしなければならない……非常に難しい……私は、「働くこと」の概念を捉え直したいと思いました。

「働いてお金を得ることだけを追求しなくても、障害者の存在そのものが人間を触発し、哲学や科学を生み、社会を動かしている。それが、彼らの生産性役割だ」と考えるようになりました。現に、彼らがいるからこそ、障害児教育に意欲を燃やす教員や、介護福祉士や社会福祉士の職業が成り立ち、社会を活性化させ、文化を生み出しています。

ものづくりは、人間の本能です。人間はものづくりに参加したがるものです。色々なものを作るのが「楽しい」という内から湧き出る感情があり、機会を与えれば、優れた芸術作品も生み出します。

しかし、それがお金になるとは限りません。彼らはマイペースで、生産性にこだわると、ついていけない人が出てきてしまいます。そこには、差別やいじめが生まれる可能性もあります。ゆったりとしたその人らしいペースで活動できないものか、長いスパンで取り組むことにしました。

・反対運動の苦労のうえに「つどいの家・コペル」が開設

二〇〇一年、仙台市南東部に「つどいの家・コペル」を開設しました。通所更生施設「ひろば」、デイサービス事業「みらい」、重心通園事業B型「オリザ」の複合施設です。

仙台市からの土地の貸与による建設でしたが、地域町内会の厳しい反対運動があり、行政を挟んで何度も話し合いを持ちました。

農村地帯だった土地を、住宅地として造成した時に、公共用地として地主たちが仙台市に提供した土地でした。それまで空地になっていた土地を、地域の人たちは草野球の場として自由に使っていたことで、猛烈な反対運動が起こったのです。建設地の四隅に【子どもたちのスポーツ広場を奪うのか……施設建設反対】という看板が立てられました。

公共用地のつもりで提供した土地なのに、「障害者の施設が建つ」ことに不満があったようです。障害者も市民なのですが……「公共とは何か……」と考え込みました。そこで、仙台市と共に、地域に住む会員、障害者の保護者を交えて町内会との話し合いを何度か持ったのですが、障害者に対する根強い偏見がありました。「乱暴を働く人がいるのじゃないか。子どもたちが心配だから市営バスでは通わせないでくれ」などと、あからさまに言う人もいました。

最終的に、理事長である夫が一軒一軒の家を訪問しながら、頭を下げて回るという大変な苦労のうえに、「つどいの家・コペル」は立ち上がり、夫が施設長を兼任しました。

デイサービス事業「みらい」では、養護学校卒業後、社会とつながっていないために重度化してしまった人、在宅のままひっそりと暮らしている人、親の高齢化で通所の送迎や入浴ができなくなって不安を抱えていた人たちを迎えて、個々のニーズに応じた送迎、入浴、趣味的活動の提供をしました（自立支援法施行に伴い、二〇〇六年十月、生活介護事業に統合）。

施設建設反対の対応から始まった「つどいの家・コペル」ですが、今では、地域町内会と一緒に恒例の夏祭りを開催したり、様々なイベントを行うことで、地域のみなさんの理解を得て、イベントも楽しみにしてもらえるようになりました。東日本大震災の時には、周辺の小中学校に避難して来た人たちに炊き出しなどをして、恩返しができたと思っています。

・地域生活サポートセンターを開設

二〇〇二年、地域生活サポートセンター「ピボット若林」（可野所長）、二〇〇三年、地域生活サポートセンター「ぴぼっと支倉」（石道所長）を開設して、それぞれ、レスパイト事業、障害者ヘルパー派遣事業、地域療育等支援事業、自立体験ステイ事業を始めました。

ノーマライゼーションは、通所施設があるだけでは実現できません。通所活動時間、通所日以外の、本人のニーズに応じたヘルパーが必要と話し合っていました。また、地域資源を使い地域で暮らすには、ケアマネージメントが必要なことを痛感していました。さらに、その先に

は、将来の自立のためのグループホーム建設を考えなければ、「ノーマライゼーションの実現はできない」と考えていました。

二〇〇三年には、自立体験ステイ事業「さくらはうすホタル」を開始しました。自立体験ステイは、「仙台つどいの家」開設時から法人独自で細々と続けていたのですが、この年、要望活動を受けて、当時の市障害福祉課長が、「『蛍の光』のようなものだけれど」と言いながら、市単独の助成金を付けてくれました。

そして、事業体である「社会福祉法人仙台市重症心身障害児（者）を守る会」を「社会福祉法人つどいの家」と改めて、事業の機能を強化することにしました。

翌年には、運動体である「市守る会」も、「様々な障害のある人たちがつながり合って運動をしよう」と、「障害福祉ネット仙台」と改名をして、ＮＰＯ法人資格を取得しました。事業体と運動体は、緩やかな関係をつくりながらも別組織となりました。

・映像での実践発表会「すてーじ」の開催

二〇〇四年、「仙台つどいの家」では、本人主体の支援の実践報告のために、映像での実践発表会「すてーじ」を開催しました。

それまで、「仙台つどいの家」では地域の人を呼び込んだ多くのイベントを開催することで、障害のある人への理解を進めることに力を入れてきました。

しかし、当時の職員伊藤さんが「利用者は、本当に喜んでいるのだろうか、発達障害の人などは賑やかなのが苦手の人もいる。一人ひとりの気持ちをもっと知らなければならない」という疑問を投げかけてきました。

そのことをきっかけに、行事を減らしケースワークに力を入れることになりました。ケース会議を重ねると、その人の成育歴や背後にある生活が気になります。「もっと本人を知ろう」と、家族を挟んで本人からの聞き取りや意思確認に力を入れ、仮説を立てながら、本人の物語を紡ぐ作業に力を入れました。

そして、その物語を共有するために映像にすることにしたのです。幸い、映像制作に詳しい事務職員の早坂さんを中心に、当時は高価だったビデオカメラを思い切って四台購入し、各グループに配備しました。そして、利用者の様々なシーンや表情を撮ることにしました。

一人ひとりを知るためには、職員の日頃の気付きが鍵となります。職員は、本人の意思を探ろうとめざましく成長しました。そして、利用者も意思を尊重してもらえるので、自己表現を始めます。「すてーじ」のコンセプトは、あくまで本人主体の支援でした。

そして、「すてーじ」を、仙台市内中央にある「せんだいメディアテーク」で公開しました。利用者のそれぞれの「すてーじ」の紹介です。「すてーじ」は、実践発表会として毎年続けました。今も「仙台つどいの家」では、山口所長のもとで「すてーじ」を開催しています。

恭子　四十一歳　二〇〇四年

・念願のグループホーム「ひこうき雲」の開設

仙台市単独の「重度対応型グループホーム補助金」が創設されました。就労要件が取り払われ、やっと夢が叶うかもしれないと心躍りました。

しかし、重い障害のある人の入居の先例はありません。また、国のグループホーム入居要件は取り払われましたが、国の支援費には夜間の人件費は考慮されていませんでした。仙台市に、夜間支援体制がないと開設できないことを何度も口説いた結果、仙台市は、「重度対応型グループホーム補助金」を制度化してくれることになったのです。

しかし、グループホーム建設資金の目途は立ちません。そのうち、日本財団がグループホーム新築費を補助することを知り、理事長は早速土地を購入することを決断しました。そして、申請書を持って日本財団を訪ね補助が認められ、自立体験ステイに参加していた利用者を対象に、グループホーム「ひこうき雲」を開設することができました。夜間支援体制は、バックアップ施設である通所施設職員のボランティア精神があったからこそ実現できました。

重症児と言われた恭子も、入居しました。

生まれてからずうーっと何年も親元を離れない生活をしてきた重い障害のある人が、「グループホームで暮らせるのか?」という問いを、親たちからは投げかけられていましたので、ソフト面でも慎重に準備を進めて、親との話し合いで介護マニュアルを作りました。

まずは、他人の介護に慣れることからです。幼児の頃から、積極的に地域に連れ出し色々な人との触れ合いをすることをすすめてきました。

レスパイトサービスやヘルパーサービス事業などの資源を、保護者が使いこなすことができるように、相談事業も立ち上げました。また、健康管理のセンスも磨いてきました。計画的に自立体験ステイも行い、長い時間をかけて、グループホームを立ち上げたのです。

また、もっと大事なことは、職員が利用者の心の動き、意思の表現を察知する感性を磨くことでもありました。ケースワークの徹底と積み重ねで、この課題もクリアできそうでした。

それでも、「もし何かがあったらどうしよう」という不安がよぎります。それでも、たとえ失敗に終わっても、一人の人間として、社会の一員としての自立した生活の構築に挑戦実行すべきだと思いました。まずは、恭子が立派にグループホームで暮らせるという「成功体験を見せる」ことで、保護者や周囲の意識も変わるのではないかと思いました。

親離れ、子離れができていない親子のために、最初は三泊、次は五泊で土日は家に帰る、をくり返し、約五年をかけて全日泊まれるようになったのです。

・商店街に「喫茶めいぷる」を開店

二〇〇五年、「仙台つどいの家」近くの商店街に「喫茶めいぷる」を開店しました。利用者が作ったパンも、ようやく売れるパンになってきました。施設の中で売っているだけでは社会とつながりません。商店街に喫茶店を構え、パンを売りながら接客することを通して、自然な形で街の人たちと触れ合えるようにしたかったのです。

利益を生み出すのは難しかったのですが、街にとっても、本人たちにとっても、その効果は大きいものでした。

それまで、「障害者なんだから」、「どうせ施設で活動するのだから」と、本人の服装に気を配ってくれない親たちが多くいましたが、喫茶店には色々な人が来るので、親も人目を気にして本人の服装に気を付けるようになっていきました。そして何よりも、利用者自身が人と触れ合う中で、身だしなみを整えおしゃれをすることを覚えていきました。

毎月ミニコンサートを開き、地域の方が楽しみに来てくれるようにもなりました。コンサートには、施設の利用者も少人数ずつ参加していたことで、恭子のような重い障害のある人や、こだわりの強い自閉症の人について、自然に理解をしてくれるようになりました。

街の人たちは、「障害者施設の利用者」という理解ではなく、「一緒にお茶を飲んだ○○さん」と、個人名で名前を覚えてくれるようになっていきました。

●一九九四年～二〇一〇年　重症心身障害児（者）が地域で生きるための制度

一九九五年、国は障害者プランを発表し、ノーマライゼーションを施策の理想の中心に置きました。この時に制度化された、地域で生きる医療的ケアがある人を受け入れる「重症心身障害児（者）B型通園事業の制度化」は画期的なことでした。

早速手をあげて、仙台市と協議を始めました。また、地域生活をするためには、家族支援は不可欠なことが理解され始めました。レスパイトサービスは、まだ制度化されていませんでしたが、職員間ではその必要性が共通認識となりました。

二〇〇〇年に、知的障害者のためのヘルパー制度ができました。ヘルパー制度は光明でした。家族の負担を軽減し、本人の希望に応じた外出ができたら、多くの重い障害のある人の日常が豊かになるはずです。

私たちは、小規模施設も含め、「つどいの家」全利用者の状態像と、ヘルパーによるどんな支援を望むかなどのニーズを調査して、当法人の関わる利用者二百余名の事例を仙台市に提出し、知的障害者のためのヘルパー派遣の必要性を訴えました。

仙台市は、知的障害者のためのヘルパー事業を開始しようと準備を始めました。またこの年、知的障害者グループホームの就労要件・身辺自立要件が取り払われました。

二〇〇一年、宮城県内（B型）通園事業連絡協議会を発足させました。私が発起人となり会長を引き受け、毎年講演会や交換研修を行いました。講師には、医者たちや先進施設の神奈川県の「朋」や兵庫県の「青葉園」、愛知県の「愛光園」の施設長や職員に来ていただいたり、こちらから視察研修に出向いて勉強させていただきました。

そのうち、全国医療的ケアネットワークシンポジウムにお誘いを受けるようになりました。B型連協の研修会に、医者たちも講師を引き受けてくれるようになり、看護師の人件費アップなど、厚労省への要望活動にも参加しました。医療的ケアは、全国的な課題でした。

二〇〇三年、宮城県障害者施策推進協議会専門委員を委嘱されました。この年、支援費制度が始まり、措置から契約へとなりました。通所更生施設とデイサービスは、生活介護サービス事業に移行しました。

二〇〇五年、市より知的障害者居宅介護従事者養成研修「移動支援事業」の指定を受けて、ヘルパー派遣事業を開始しました。人材不足でヘルパーの確保は大変ですが、この事業ができてどれだけの人が助けられたか知れません。障害者の休日の過ごし方のＱＯＬが格段と上がりました。

介護を受けながら外出する人が増えたことで、それが当たり前の街の姿になり、街の中で普通に車椅子の人が買い物をしたり、発達障害のある人がぶつぶつつぶやきながらバスに乗っていることが容認される世になってきました。少しは、共生社会に近付いてきていると考えたいです。

二〇〇六年、制度改正により重度対応のグループホームをケアホームと名称変更し、夜間支援人件費一名も付けられるようになりました。

入居者の自立生活の様子や成功体験を見て、「わが子は、重度の障害だから自立できない」と思い込んでいた保護者の意識が大きく変わり、入居を希望する人が増えました。

この年、移動困難な人のために、当法人が独自で福祉有償運送事業を開始しました。

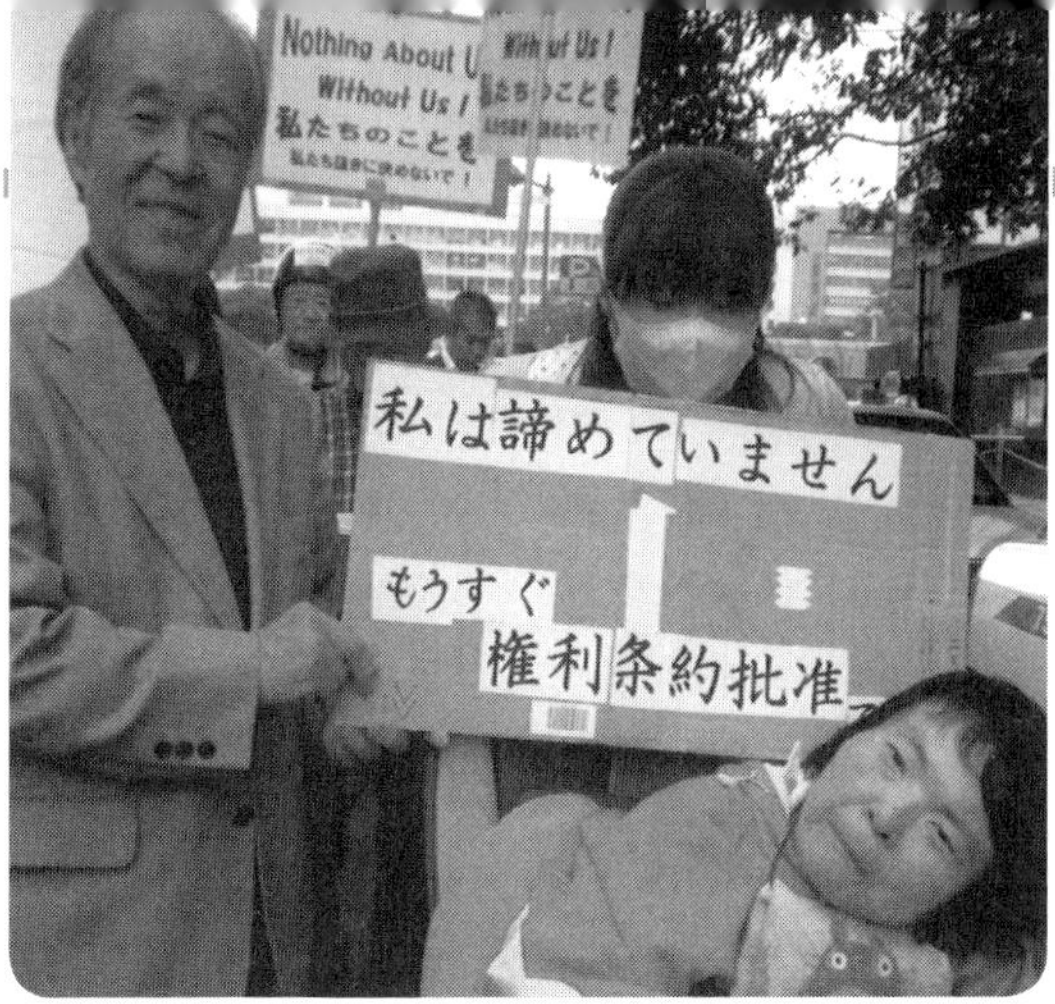

自立支援法施行により、組織体制の見直し、法人マスタープランの作成、仙台市差別禁止条例づくり市民運動、権利擁護委員会、定款変更を行いました。

理事長の提案で、それまでの法人の基本理念に差別の文言を付け加えて、「地域で差別されることなく、いきいきと自立した生活ができるよう、自己実現の場を保障する」としました。

8章

つながる力

四十八歳〜五十六歳

恭子　四十八歳　二〇一一年

・東日本大震災で被災

二〇一一年三月十一日(金)、東日本大震災、「仙台つどいの家」、グループホーム「さくらはうす」が被害を受けました。「仙台つどいの家」は、沿岸部ではないので津波には見舞われませんでしたが、丘陵地を開発した盛り土の上に建てられた施設だったために、地盤に歪みが生じて半壊となりました。日頃の訓練が効をなしたのか、誰一人として怪我もなく、無事に避難できたことは、職員の日頃の努力のたまものです。グループホーム「さくらはうす」は、全壊しました。

利用者の反応は、障害特性によって違っていました。重症心身障害のある人たちは、天井から蛍光灯の破片がひらひら降ってきても、首を傾げたり手で払うこともできません。私が事務室から駆け付けた時には、職員たちは車椅子の転倒を防ぐのに必死でした。また、床のマットに横になっていた利用者に覆いかぶさり落下物から守っていました。咄嗟の機転でしたが、事務職員と共に頭上に毛布を広げて、ガラスが顔に刺さるのを防いでいました。

最初の揺れが収まったところで、一人ひとりの車椅子を押して室外に出た途端、金具で止めていたはずのロッカーが倒れました。危機一髪です。避難した園庭はとても寒く、雪が降り始め、ありったけの毛布やマットでくるんで寒気を防ぎました。

また、重度の知的障害に、盲、聾、肢体、自閉症などの障害が重複している人たちは、平常は平らな室内であれば自由に移動できますが、状況判断ができず、腰を抜かして座り込む人や怯えて飛び回る人がいてパニック状態でした。職員たちは、冷静に彼らを静め、二人がかりで抱き上げ避難させました。

発達障害や、てんかんなどの障害のある人たちは、外出活動でショッピングモールにいましたが、自主的にテーブルの下に伏せたあと、駐車場に移動して職員と共に無事戻って来ました。パン工房にいたダウン症の人たちも、いつもの訓練通り、すぐに園庭に避難ができたのですが、感受性の強い彼らは、直後から泣き出したり吐き戻したりで大変でした。

震災後数日は、みんな家族のもとで過ごしていただき、職員は手分けして安否確認をしました。家を訪ねると、疲労で眠り続ける人や、逆に興奮状態で眠れず余震に怯えるなどの訴えがありました。

お母さんたちは、ライフラインが使えず、食料や電池を買いに行きたくても余震が続くので、子どもを家に一人置いていくわけにもいかず、連れて行って長時間寒い中で列に並ばせるわけにもいかず、と悩んでいました。職員たちは、すぐ手分けして支援物質を届けて歩きました。

医療的ケアの必要な子どもの母親からは、吸引器の電池が切れそうだとのＳＯＳが入り、施設に備蓄していた充電器で充電しようとしましたが、すぐにガソリンが切れてしまい、職員は交代でガソリンスタンドに並んでガソリンを買いました。同じように、水も並んで運びました。

三月十三日から、全国の施設長仲間たちが続々支援に駆け付けてくれました。義援金も集まり始めました。それまで、施設見学や研修会で交流を重ねていたサポート研究会の仲間たちです。常日頃から重い障害者のサポートのあり方を話し合っていた仲間なので、きめの細かい支援をしてくれました。感謝です。つながりの力を実感しました。

三月十七日、沿岸部の人たちのためにも被災の事実を伝え、多くの方の助けをいただかなければならないと考え、「とんがらし通信・号外」を次々発行し、全国に発信しました。

一日も早く活動を開始しなければ、お母さんたちは自宅の瓦礫の片付けもできません。家族も被災しています。日中活動の継続が望まれましたが、市民センターや学校は、避難している人たちで一杯で、貸してもらえません。やっと、特別支援学校の空き室や町内会集会所、他施設のホールを日替わりで間借りして、三月十八日から、通所希望者を対象に活動を開始することができました。三月二十八日からは、全員の通所を開始しました。

・心のケアが必要

Aさんは、それまで一人で通えていましたが、子ども返りのようになり、送迎をしないと通えなくなりました。

Bさんは、菓子工房が壊れて使えないことが納得いかず、喪失感でうつ病のようになり、朝起きられなくなって引きこもってしまいました。

Cさんは、自分が暮らすケアホームも倒壊して、喪失感でうつ状態が続きました。しかも、ケアホームに住めなくなったので、しばらく他のホームの人たちと同居になり、個室を保障できずにいたら、勝手に救急車を呼んだり、自らタクシーに乗り、以前入院していた病院に出向いて入院を迫って追い出されることもありました。Cさんは、「うるさくて眠れない、個室に入院したかった」と話していました。

Dさんは、「仙台つどいの家」を復興させるにはお金が必要と、自分なりに考え、暑い最中、早朝から出かけてゴミ置き場をあさり、空き缶集めにはまってしまい、他者にも強要するほどでした。Dさんのように、他のことに関心がいかない時期が続いた人も複数いました。

恭子は、ケアホーム「ひこうき雲」で暮らしていましたが、四月七日の夜中の強い揺れの余震後、間欠的にお腹のあたりが痛いらしく、海老のように身体を曲げ痛さを泣き顔で訴え、九日に救急センターで診療してもらいました。

しかし、お腹にガスが溜まっているが、特に異常がないと消化薬を処方されました。十日に、自宅に引き取ると、いい笑顔で安心した様子でした。食欲もありましたが、夜ベッドに寝かせると、また身体を折り曲げて強ばった表情になりました。どうやら、眠るのが怖いらしいのです。すぐに夜間診療を受けたところ、ストレスからくるのだろうと安定剤を処方されました。

家に戻って添い寝をすると翌日には治まるのですが、やはり深夜の余震が応えたのでしょう、不安や緊張を言葉で表せないだけに、身体で訴えたのだと思います。

・建物の復興

四月七日の余震で、「仙台つどいの家」の天井が崩落し、本格的に使えなくなってしまいました。そのうち、仙台市の尽力により医療的ケアの必要な重い障害のある人や、重複障害の人たちのために若林障害者福祉センターを使用できるようになりました。

車で四十分の場所は、利用者の負担は大きかったのですが、何よりもトイレなどの水回りが整備されていて、清潔で、建物もしっかりしていて安心安全でした。一方、盲・聾を含む重度重複障害の「けやきグループ」は、若林区にある「つどいの家・コペル」のホールへ移動して活動することになりました。

送迎車の調達をどうしようかと悩んでいると、いつも情報交換をしていた兵庫の「青葉園」、愛知の「愛光園」が、中古車両を遠くから搬送して提供してくれました。送迎用の軽油は、関西から駆け付けて炊き出しをしてくれた「高商グループ」が置いて行ってくれました。リースバスも加えて、職員による送迎体制を組むことができました。

やっと、日替わりではない場所で活動できるようになったのですが、職員は大変でした。送迎の車の台数も運転手も足りません。給食も悩みです。重い障害のある人に、市販のお弁当は無理です。トイレ介助の環境も問題があります。

また、ダウン症や発達障害で比較的自立している人たちのグループは、相変わらず園庭のテントでの活動を続けざるを得ませんでした。夏は、蚊取り線香を焚いての野外活動も開放的で良いのですが、冬に向かって寒さ対策が悩みでした。


何とか「活動のための仮設を建てたい」と、市に場所の提供をお願いしましたが、良い返事はもらえず、国も仮設建物には補助金を出さないとのことでした。厚労省にも訴えました。あちこち奔走した結果、「難民の会」が、一千万円相当の資金を出してくれることになりました。これで一棟は建てられます。

土地は、市から市有地を貸してもらえることになりましたが、資材不足でいつ工事に取りかかれるかわからないと……何とかプレハブ業者が請け負ってくれました。本格的な復興再建の方針については、国・県・市に何度問い合わせても要領を得ず、心細かったですが、広域で大規模な災害です。凌ぐしかありません。

また、以前から仙台市南西部に通所の場がないことが問題になっていました。借金して土地を購入し、通所更生施設・重心B型併設施設、「つどいの家・アプリ」を五月に開設しました。建設を進めていた矢先に、東日本大震災が起きました。三月完成予定でしたが、一時工事を中止し、理事長や関係者の必死の努力のおかげで、五月、開所式を迎えることができました。

九月、ようやく国から、「仙台つどいの家」の仮設にも補助金が出ることになりました。二棟の仮設を建て、「難民の会」寄付の建物と合わせて三棟を建てることが決まりましたが、竣工は遅れ、利用開始は十二月となりました。次の週から雪が降り出し、テントでの青空教室は限界だったので、すべり込みセーフでした。また、重心グループ（もみじ、さんしょ）の人々には、仮設暮らしは過酷なので、引き続きセンターでの活動を続けました。

二〇一二年四月、「グループホームさくらはうす」を再建しました。二〇一三年六月、新「仙台つどいの家」を再建し、七月に落成披露式を行いました。二〇一四年七月、震災により移転を余儀なくされた「すてっぷ・はうす」を複合型事業所「ぴぼっと南光台」として開設。仙台市から、仮設を取り壊した敷地をそのまま貸していただくことができたので、レスパイト機能の他に、地域共生型の役割を果たす、地域交流室、ヘルパー事業所、指定相談事業所を併設しました。建設には、「地域共生型福祉施設整備事業」の補助金を活用させていただきました。

・つながりの力で乗り切れた

震災直後、極度の緊張が続き、職員もメンタル不調を訴えていました。家族の状況の変化による喪失感や、先の見えないことへの焦り、心身の疲労で辞めていく職員もいました。職員も被災者なのです。その中で支援を続けていくことは大変なことです。利用者のために、何としても活動をしようと、みんな頑張りすぎてしまうのです。

そんな中、活動を続ける職員、通い続ける利用者の姿に触発されてボランティアが集まり始めました。また、普段から情報発信をしていたことが強みとなりました。価値観を共有してい

た友人たちが、いち早く駆け付けて、物、心、両面の支援をしてくれたことは大きかったです。

さらに、友人の施設長との縁やつながりも、つながりがつながりを生み、奈良や大阪からも、炊き出し隊がやって来ました。「つどいの家・コペル」の園庭や近くの小学校校庭を使って、避難していた人たちに、温かい食事の提供をしました。

心の復興、社会の復興には、長い時間がかかります。しかし、私は希望を持っていました。

東日本大震災で失われたものは大きく、まだ傷が癒えず、心のケアが必要な利用者や職員がいますが、たくさんの勉強をすることができました。普段はあまり意識していなかった、町内会や学校や施設とのつながりで支えられた人もたくさんいます。そのつながりで、孤立せずに済みました。みんな、得たものも大きかったのです。つながりの力は大きい。私は、「地域共生を真剣に考え、もっともっとつながっていきたい」と考えました。

付き合いが希薄になった生活の中で、気軽にものを頼めるでしょうか、今回のような大災害を乗り切れるでしょうか。日頃からお付き合いをし、自分の弱い所を知ってもらい、自分のできることをアピールしておくことが大切なのだと。

たくさんの方から支援を受けて実感したから言えることですが、人は信じるに足るものです。自分から心の窓を開いて発信すれば、応えてくれる人は必ずいます。この広い世界には、探せば志を同じくする人がいるのです。

私の闘いも、最初は孤独な中で進めなければなりませんでした。理解のない人ばかりと肩肘張って一人で闘っているつもりでしたが、いつの間にか、共感して一緒に歩いてくれる人が増えていました。

恭子　五十二歳　二〇一五年

・経営の危機

「つどいの家」のように、重い障害がある人たちの支援に取り組んでいる施設は、国の基準以上の人件費がかかることが多く、また、利用者にとって必要な資源を立ち上げてきたことから、自転車操業状態で、いつも資金不足です。

実態に合っていない給付費しか出ないので、職員一人ひとりの給料を安く抑えざるを得ません。少ない人数でも、質の高い安心安全のサービスをするには、人材育成にもっと力を入れなければとは思っていましたが、非常勤職員は、それなりに家事や育児の都合で非常勤を選んでいます。夕方からの研修には、時間外手当てを出しても参加が難しいのです。

そこで、法人設立記念日を設け、グループホーム以外の事業所は休館日にして、仕事として賃金を保障しながら、研修に参加してもらうことにしました。国の給付費は日割りで支給されるので、休館日を設けると減収を覚悟しなければなりませんでしたが、それでも、研修日をつくらなければ質の担保はできません。

職員による研修養成委員会が中心になり、全体研修と分科会ごとのプログラムで、研修を実施しました。「法人の理念がわかってモチベーションが上がった」、「長い間、疑問に思っていても聞けなかったことが聞けて良かった」など大好評で、職員は喜んでくれました。

その後も、様々な工夫をしながら研修を続けています。次の課題は、人材不足の中でどうやって雇用の安定を図るかです。

一九八九年に開所した「八木山つどいの家」は、小規模作業所として出発しました。自立支援法が施行されてからは、地域活動センターとして事業を行っていましたが、国からの給付費がなく、市の補助金のみで苦しい運営が続きました。そこで、市との協議を重ねて国の給付費が使える生活介護事業所に変更することにしました。

しかし、「八木山つどいの家」は、古くて狭い建物です。新しい出発をするのだから何とかしたいと、改修費用の募金活動をしました。また新たに、地域の人たちが気軽に立ち寄れるカフェを併設し、気持ちが弾むような設えにしたいと思いました。佐藤秋男所長が奔走し、生活文化大学の美術科の森教授と学生の協力が得られました。二〇一六年、爽やかな樹木と小鳥たちをあしらった喫茶「やまかぜのベンチ」が開店し、地域の人々の交流の場となっています。

・「社会福祉法人制度改革」

二〇一六年、福祉新聞を読んでいたら、「立ち上がれ社会福祉法人」という見出しが目に飛び込んできました。「今は、社会福祉法人の転換期で、行政に頼る時代が終わり、自己責任で運営しなければならない時代になった。社会福祉法人は、スピーディーに改革に取り組む必要がある」と。「社会福祉法人制度改革」が推進されたのです。

「つどいの家」の各事業所は、赤字で活動することもありました。経営をあまり考えずに来れたのは、国の支えがあったからです。国が示す範囲、監査の際の指摘や指導を守っていれば、施設は潰れない仕組みでした。そこに胡座《あぐら》をかいていたわけではありませんが、おかげで職員たちは安心して支援に集中できていました。「つどいの家」は、重い障害のある人たちの地域生活の実現の一歩二歩を進めて、やっと充実感を抱いていた矢先でした。

私はこれまで、事業の対象が「保護すべき障害者」だから、「利潤追求をする企業経営と同じようにはいかない」と考え、経営的センスを磨くことにおろそかだったのかもしれません。

しかし、社会福祉を民間に丸投げしてもよいのでしょうか。少子高齢化が進む中で、国の社会福祉制度が危うい状態となり、制度改革が求められたのです。国は、「社会福祉費を引き下げるから、経営の自立を図れ」「国の金をあてにするな」と言っているのです。悔しいけど現実です。私は、「大切なのは何か」を見失わないように頑張るしかありませんでした。

措置時代の理事は名誉職でもあり、あまり責任は求められず、評議員は、地域の代表や家族が消費者として、外野から意見を述べる形でした。しかし、理念維持のためには、組織を確立し、執行機関としての理事会の機能と、決定機関としての評議委員会の役割をはっきりさせて、各委員には責任を持ってもらうことが必要でした。

しかし、人手不足と資金不足の中で、専任の経営者をお願いできる人はなかなかいません。管理者兼任や、嘱託契約で間に合わせている状態です。完全に会社のようになるには、まだまだ時間がかかることを覚悟しなければなりませんでした。

財務諸表の公開は毎年行っています。そもそもが親の会運動から始まった組織なので、発信は十分にしていて、透明性には自信があります。

「公益事業をせよ」と言いますが、そもそもが、元祖ＮＰＯ団体と言われるぐらい、何もないところから地域に必要な様々な資源を生み出してきたのです。その苦しさから逃れるために、やっと社会福祉法人にたどり着いたのに……。

二〇一七年、「社会福祉法人制度改革」にあたって、「つどいの家」マスタープランの見直しを図り、基本構想を策定しました。「社会福祉法人制度改革」の柱は、一、「経営組織のガバナンス強化」、二、「財務諸表の公開など事業運営の透明性向上」、三、「地域で公益事業を行う責務」の三つです。

一については、大きく組織替えをして、役員も入れ替わりました。経営に遺漏がないように社労士や弁護士・産業医などに相談できる体制をつくりました。二については、日頃から心がけている情報発信のあり方を見直し、ホームページや各事業所の広報をさらに読みやすく、魅力あるものに工夫しています。三については、事務員を増やし法人体制を強化しました。

二〇一八年、共生社会の構築のための第一歩として、幅広い意見を聞く地域生活諮問委員会を設けました。社会福祉法人の役割としての公益事業を考え、地域の課題が何なのかを知り、社会福祉法人の持つ地域資源、各所の建物や職員や培ってきた専門性などをどう活かせるかを考えていかなければなりません。ソーシャルワークも必要です。多様な、様々な価値観を持つ人たちと、どうつながっていくのかが課題です。

恭子　五十六歳　二〇一九年

・恭子と「つどいの家」の今

恭子は、五十六歳になりました。言葉で話せないことから痛いことや辛いことも、黙って耐えてしまう傾向があり、泣いて表現することもできません。しかし、よく観察しているとサインを出して身体で話をしています。昔の私は、そのサインに気付けなかったから、恭子は泣くことを諦めたのかもしれないと思うのです。二歳くらいまでは泣いたこともあるのです。今は、嫌なことはそっぽを向いて拒否したり、嫌いな食べ物は口をむすんで受け付けません。

かつて、重症児は意思もなく、何も考えていない人と思われていました。今は、それが大きな間違いだったことに、学者や医者も気付き始めています。だからこそ、「つどいの家」では、自己決定支援、意思表現支援に努めています。

恭子は、食べることが大好きです。特に、パリパリ、シャキシャキと歯触りの良いものが好きなのですが、嚥下が下手でむせて咳き込んだり、時々丸のみをしてしまうので、介助者はハラハラします。しかし、ゆっくりと本人のペースで食事介助をすれば、たいていのものは安全に食べられるようになりました。

「つどいの家」では、できるだけみんなと同じものを、職員も利用者も一緒にテーブルを囲んで、食事を楽しもうというスタンスです。丁寧な調理と食事介助が、伝統になっています。

また、恭子はよく笑います。泣くことはできませんが、嬉しくて気持ちがいい時は、笑い声をあげて表現しています。周囲は、それで癒されています。

今、恭子は、日中は生活介護事業所「つどいの家・コペル」に通所し、夜間、休日はグループホーム「ひこうき雲」で暮らしています。恭子は、その笑い声でムードメーカーの役割を果たし、同居の仲間や介助スタッフたちに囲まれて幸せに暮らしています。

しかし、二〇一八年と二〇一九年、恭子は肺炎で入院しました。恭子だけではなく、利用者は加齢に伴い、様々な病気もするでしょう。重い障害がある人の、これから先の生活の質をどう維持するかが課題です。闘いは続きます……。

そして今、通所の生活介護事業所、四事業所の利用者一五五名、その他にレスパイト事業所、ヘルパー事業所、相談事業所の利用者がいます。職員は、二四〇名が働いています。

人材育成と人材確保に力を入れ、職員には、想像力と俯瞰《ふかん》する力を付けて、利用者に選ばれる「良い支援を創造していってほしい」と願っています。

私は、もう高齢で恭子よりも先立つことになるでしょう。何もできなくなります。

しかし、恭子は「その存在する力で人の心を動かしていくはずだ」と信じています。

●二〇一一年～二〇一九年　重症心身障害児（者）の地域生活実現は道半ば

二〇一一年、障害者基本法の一部を改正する法律が公布・施行されました。二〇〇六年に国際連合総会で採択された障害者権利条約の批准に向けての改正です。

二〇一二年、災害復旧国庫助成金が確定しました。仙台市、施設建設用地貸与が決定し、「仙台つどいの家」は、地盤災害のために補助金確定まで紆余曲折があり、時間がかかったため、その間仮設の建物で凌いでいました。

医療的ケアを介護福祉士にも担えるようにと「喀痰吸引等三号研修」が制度化されました。日本ＡＬＳ協会や、医療的ケア推進ネットワークなどの十年余りの運動の成果でやっと、民主党政権下菅首相のもとに制度化されました。一歩前進です。

しかし、実はこの制度は特定の人にしかできないので、指定された職員が休めば代わって医療行為をするわけにもいかず、課題が多くあります。高い研修費を払って複数の職員に毎年研修を受けさせても、人事異動があれば無効になってしまいます。

また、自立支援法改正を機に、（B型）通園に対する厚労省の人件費給付は打ち切られたために、大半の事業者は生活介護事業に移行しました。しかし、生活介護事業の看護師の配置を手厚くしなければ、医療的ケアのある人は当たり前に通所活動ができません。PT、OTの配置も必要、また、合理的配慮も必要です。文科省は、学校現場に看護師配置を決めました。厚労省も、もっと当事者の立場に立ってほしいです。

二〇一三年、障害者総合支援法が施行されました。

二〇一四年、障害者権利条約が批准されました。この批准のために、国は既存の障害者基本法を改正し、障害者差別解消法を制定しなければなりませんでした。まだまだ、権利擁護の意識は浸透していない証拠ですが、批准できて良かったです。

二〇一六年、「相模原障害者施設殺傷事件」が「津久井やまゆり園」でおきました。犯人は、「障害者は不幸をつくることしかできない。重度障害者を殺害することが日本のためだ」と言ったといいます。このような排除の思想はどこから来たのでしょう。犯人は、障害者の役に立ちたいと就労したのに、ここまで追い詰められました。その心の闇が、どこから来たのかを考えなければなりません。

また、偏見や差別を払拭し理解を得るには、家族も、堂々と身をさらすことから始めなければ、共生社会の実現は遠いです。勇気を持ってほしい……。

人は、一人ひとりみんな違っていて、その集合体が社会なのだという前提で物事を考えたいと思います。障害者の支援のあり方、既存の施設の具体的な見直しが必要なのではないか……入所施設は、本当に必要なのでしょうか……。


「つどいの家」は、本人主体の支援のためのケースワークと、コミュニティワークに力を入れてきましたが、地域にもっと資源を増やし、社会全体をつなげる、ソーシャルワークができる人材の育成にも取り組まなければなりません。

そして、本人を中心に置き、心動かされながら共に悩み、共に考えて、必要な資源を生み出していくプロセスがなければ、本人にとっての良い支援につながらないし、社会を変えてはいけないだろうと思うのです。

終章　共生社会に向けて

1　人は、無意識に人を差別している

若かりし頃の私は、無知や非知のために、内なる自分の差別感情に気付けませんでした。幼かった自分を振り返ってみてもそうです。

私は、小学校四年生の時、はじめて脳性麻痺のアテトーゼが強い男の人の姿を見て、近付くことができませんでした。そして、無知ゆえの偏見や恐れを持ったのです。

一九四九年、「身体障害者福祉法」ができて、徐々に補装具や車椅子で街に出る人たちを見かけるようになり、自然に障害を理解できるようになりました。しかし、街で見かける彼らを「違う世界の人」としてあまり気にもせず、子ども時代をぼんやり過ごしてしまいました。

また、一九六二年に小さな町の学校へ教員として赴任し、はじめて知的障害の人に出会い、衝撃を受けました。彼女は、声も出せず言葉がわかっているのかどうかも……意味不明の文字らしき線を描き、始終お漏らしをします。どう接すればいいのかとまどっていると、他の先生も授業が成り立たないと言い出しました。校長は、「こういう子は、精神薄弱と言うのだ。特殊学

級に行くべきだ」と隣町の学校へ編入させました。一九六〇年、国は「精神薄弱者福祉法」を公布し、一九六一年には、「精神薄弱特殊学級増設計画」を策定して、隣町の小学校に設置されたばかりでした。

その当時、校長の言うままに従い、抵抗も疑問も持たなかった自分がいます。進学競争が激しくなった頃で、校長はクラスを能力別に分け、進学率を高めようとしていました。

転校により、彼女からいつも世話をしてくれていたかけがえのない地域の友だちを奪ってしまったのです。今は、「何か手立てはなかったのだろうか」と、本人の立場に立てなかった自分に、忸怩《じくじ》たる思いがあります。自分の子どもが障害を持って生まれて、はじめて身に染みて痛みがわかりました。

世間が狭いと、未知なるものに対する恐怖で差別や偏見を生んでしまいます。障害がある人にも日常的に触れ合ってこそ理解が生まれ、人間は多様で、違っていてもみんな大切な命であることがわかります。

しかし、多くの人が共生社会を希求していますが、簡単なものではないと思っています。人間は、様々で複雑で一人の人間の中でも、日々感情は移ろい多様な側面を持っています。人間は、古代から生きるため、食べるためのみならず、生き方や文化、人種、宗教の違いを巡って争ってきました。戦前の日本は、障害者差別、身分差別などは当たり前でした。

しかし、敗戦の結果としてつくられた日本国憲法には、「平和を維持し、誰もが基本的人権を持ち個人として尊重される」とされています。障害者福祉でも、ノーマライゼーション理念が浸透し、どんな障害がある人も地域社会から排除されないとしています。

しかし、現実は入所施設は作られ続け、教育は依然として分離教育です。統合教育には至っていません。

政府は、共生社会をお題目のように唱えますが、近年、貧しい人や女性や障害者が生き難い格差社会に戻り始めた気もします。競争に勝てない者が、置いてきぼりになっているのです。

そんな中で、「互いを理解し、助け合って共に生きていこう」などということができるのかと思ってしまうのですが、社会は絶えず変わりながら前進しています。四十数年前の状況を思い出してみると、生きやすくなってきていると思うのです。雲泥の差があります。だから、希望を持ちたいのです。未来を輝かしいものにするかどうかは、当事者運動次第です。差別の理不尽に気付いた者は、闘わなければなりません。それは、拳を振り上げることではなく、伝えること、人とのつながりをつくって、共に生きることをつくっていくのです。

障害者は存在することで、役割を果たしています。人間は考える葦です。彼らに触発されて、医療も福祉も社会学も哲学も進歩しました。確かに、人間は、本能的に他人のことより自分の身を守ることに専念する生き物です。理不尽を感じた当事者が、メッセージを出していかなければ差別はなくならないし、共生社会もつくれないと思うのです。

恭子の存在は、私たち家族にとって、家族全員が、「人間とは何かを問い」それぞれの生き方を貫き、それぞれのやり方で闘うきっかけとなりました。

2　意思決定支援は「人権の尊重」

重症心身障害者にも、喜怒哀楽があり、意思があります。

三十年以上も前の話ですが、東京の大学に行って何年にもなり、会うことも少なくなっていた長男の突然の死を、恭子はどう受け止めたのか、私にはわかりませんでした。

しかし、葬式のあと、恭子は大きく体調を崩しました。それが、彼女の意思表現だったのかもしれないと、今は、そう思うのです。

葬式のあとで、どっと疲れた私は、一人になりたくて恭子をショートステイに預けました。恭子に、死の意味がわかるとは思えませんでしたが、弔問客が遺影に向かって泣いている中、突然、家族から切り離されて施設で過ごすことは、どんなに心細かったことでしょう。

恭子は、こんな時だからこそ、家族と共に悲しみを分かち合いたかっただろうに……申しわけなくなりました。恭子は、私を咎めることも、求めることもできずに、気持ちを内に閉じ込めてしまったから、体調を崩したのだろうと……。

告別式では、友人や職員が恭子の参列の介助をしてくれました。恭子は告別式で、長男の友人たちが次々と泣きながら弔辞を読み上げるのを聞いていたはずです。それなのに私は、恭子は死の意味がわからないと思っていて、十分な説明をすることもなく、恭子の気持ちに寄り添うことができなかったのです。そして、ショートステイに預けてしまったのです。

恭子は、ちゃんと悲しみを受け止めていました。ショートステイから帰り、弔問に訪れる人もいなくなった頃から、恭子は食事をしようとすると落ち着かなくなり、仏壇の上の遺影を振り返ってみては、顔をゆがめて微かな小さい声をあげました。

私も写真を見つめて、「もういないんだよ、淋しいね」と言うと、「やっと、私の気持ちをわかってくれたのね」というように、納得した顔付きになり落ち着くのです。そして、しばらくするとまた同じ動作をくり返す日々が続きました。

「重症心身障害者は、何もわからない」などと、誰が言い出したのでしょう。彼らは、ちゃんと喜怒哀楽を知っているのです。

それから私は、職員たちと話し合い、単なる介護をするだけではなく「本人の意思の確認をする」、「小さなサインを見逃さず、その意味をしっかり考えよう」と、いっそう気を付けるようになりました。

そのうちに、気付いたことがあります。小さい時から集団に入り、意思の確認をされながら教育を受けることができた養護学校卒業生は、重症心身障害児であっても意思がはっきりしているのです。嫌なことは身をそらして泣いたり、唾をプープー吹いて怒ったり、机を叩いたりするのです。驚きました。表現能力があるのです。

それに比べて、在宅で大事に介護を受けて育ってきた人は、拒否したり、怒ったりすることもあまりありません。泣き出す前に、本人の嫌なことを取り除いていたからかもしれません。

恭子も、めったに泣き声をあげませんでした。私は、介護や家事や下の子の育児に気を取られて、恭子が大人しく寝ていることに安心して、小さなサインや心の動きをよく観察していなかったのかもしれません。「嫌なことがあっても、じーっと我慢して、諦めや悟りの窮地に達して表現しなくなったのかなあ」と、恭子の柔和な顔付きを見て思うことがあるのです。

しかし、恭子は、喜びは表現します。声をたてて笑うのです。絵本を読んであげた時、歌ってあげた時、お風呂に入った時、抱き上げて身体をゆすってあげた時、恭子はよく笑います。笑顔を見ると私も嬉しくて、恭子が喜ぶことを何度もしました。恭子は、そんなふうにして笑い声を出せるようになったのです。共に共感し合ってきたからです。

しかし、怒ることができる人は、不思議なことに笑顔が少ないのです。私たちは、どうしたら笑顔になるか悩みながら過ごしました。「つどいの家」で、職員が根気よく本人が快いと思われることを見付けていくうちに、やがて彼らは笑顔を見せるようになりました。

本人の意思を大切にすること、それは、「人権を尊重する」ことです。

解説

浅野 史郎
元宮城県知事・元厚生省障害福祉課長

　重症心身障害者は何もできない、何もわからない、そして自分の意思もないと思われている。そんな重症心身障害者である恭子さんと一緒に汗をかきながら、著者である下郡山和子さんは半世紀以上の長きにわたり闘い続けてきた。

　生きる力が弱い恭子さんの命を守るためだけに闘うのではない。障害があっても恭子さんが「ふつうに」生活できるようにするために闘ってきた。重い障害のある恭子さんも「ふつうの」教育を受けるべきだ、そのことをはばむ勢力と闘う。学校卒業後に自宅以外で行く場所を求めての闘い。重い障害があっても、恭子さんにはふつうの生活を送ってもらいたいという願いがある。

　闘う相手は世間の偏見と無理解。要望しても対応してくれない行政との闘いもある。「お金がない、人手が足りない」の窮地を脱するための闘いは常時つきまとう。こういった闘いをひとつひとつ乗り越えてきた。最初はたった一人での闘いだったが、そのうちに下郡山さんの熱意に共感して一緒に闘ってくれる人が増えていった。一人の熱意は友を呼ぶというべきか。

救われたのは恭子さんだけではない。同じように重度の障害のある多くの仲間たちが、地域の中でふつうの生活を送っている。仕事をしたり、余暇活動を楽しんだり、何もできないと見られている重度の障害者の充実した生き方である。

重度の障害のある子どもの母親（父親も）の場合、その世話に時間も労力もとられてしまい、ふつうの母親らしい生活をあきらめている例が多い。そんな母親を「つどいの家」の活動は救っている。親離れをした子は、地域の中でふつうの生活を送っている。

障害者差別は「障害者差別解消法」があっても、「障害者差別はいけない」と何遍叫んでもなくならない。何もできないと思われている重症心身障害者が地域の中で充実した生活を送る実践を見たり、重度の障害者と触れ合ったりすることで住民の意識は変わる。その意味では、「つどいの家」の活動は社会を変えることにつながっている。

「下郡山さんはいい人生を送っていますね」と声をかけたくなる。恭子さんがいたからこその充実した人生なのですね。「恭子と汗をかきながら」重ねてきた素敵な人生。この本の共同執筆者は恭子さんだと思う。

すべての人に生きる勇気をもたらしてくれる本である。

あとがき

私は、昭和二十一年に小学校に入学しました。敗戦の翌年で、物資不足で、教科書は新聞紙大の粗末な紙に印刷されたものを、自宅で裁断し製本するようにと渡されたものでした。その国語の教科書も、戦中の国民学校教科書の内容のままで、挿絵も何もないものでした。しかし、年子の妹が入学した一年後の教科書は、カラー印刷で、「ぶんぶんぶん、はちが、とぶ」という楽しい詩から始まる、蜂や花の挿絵が楽しい内容でした。

米軍の占領によって、軍国主義教育から民主主義教育に変わる激動の時でした。戦争から解放されたとはいえ、この激動の時代に価値観の変動や、厳しい食料不足で、親たちは生きること、家族を支えることに精一杯だったはずですが、それでも、そんな困難を乗り越えて頑張ってくれたおかげで、子どもたちは、屈託なく元気に過ごせていました。

私は、戦後民主主義の曙の時代に日本国憲法を学んだのです。新憲法のもと、主権在民、自由と平等、平和主義などを学び、希望に満ちた日々を過ごしていました。しかし、中学、高校、大学と進むにつれ、憲法で学んだ理想と現実との乖離《かいり》や矛盾に気付き始め、悩み葛藤するようになりました。それなのに、若者ゆえの淡白さと軽薄さで高度経済成長の波に流されてきてしまった、というのが正直なところです。学生運動も人並みにしましたが、本気では闘っていなかったと思います。
そんな私が、結婚し、母となって、重い障害のある長女の存在の価値を、世に問わなくてはならないことに直面しました。同時代を生きた障害者や家族、母親たちの踏ん張りや、苦労、そして、今やっと獲得できた長女の幸せの生活をお伝えできたらと願っております。

この本を書くにあたって、宮教大の菅井先生、元東北福祉大の阿部先生、鶴谷養護学校の元校長中山先生には、本にするよう背中を押していただきました。また、度々助言をくださった社会福祉法人「武蔵野」の安藤さんに感謝です。出版に踏み切ってくださり、編集してくださったぶどう社の市毛さやかさんは、思い出すままに書いた原稿を見事に整理編集してくださいました。ありがとうございました。
最後に、長い間共に闘い、本を書くことを見守ってくれていた夫と、愛する恭子と次男、早世した長男に、この本を捧げます。

二〇二〇年六月　下郡山和子

著 者

下郡山 和子 （しもこおりやま かずこ）

社会福祉法人「つどいの家」理事

1939 年、福島県福島市に生まれる。
福島大学卒業。
1962 年より中学校教諭。
1966 年、重症心身障害児の長女の療育に専念するために退職。
1975 年、夫と共に、仙台市重症心身障害児（者）を守る会を結成。
1982 年、重い障害のある人も通える小規模通所施設を開設。（支倉、八木山、若林）各つどいの家園長を兼任。
1992 年、社会福祉法人資格を取得。（初代理事長に下郡山徹一）
1993 年、知的障害者通所更生施設「仙台つどいの家」を発足させ、施設長となる。その後、レスパイトサービス事業、ヘルパー事業、相談支援事業、グループホーム等を立ち上げる。みやぎの福祉を考える 100 人委員会委員、仙台市福祉整備審議会委員、仙台市障害者施策推進協議会委員、仙台市障害者ケアマネジメントモデル事業検討委員会委員、宮城県障害者施策推進協議会専門委員なども務め、障害者理解の推進に努めた。
2011 年、東日本大震災により南光台の仙台つどいの家及びケアホーム「さくらはうす」が被災。2 年半をかけて再建して復興を遂げた。
2012 年、「社会福祉法人つどいの家」第 2 代理事長に就任。
2020 年 3 月、理事長を退任。

出版物（共著）
「まちの中の出会いの場」ぶどう社（1996 年）
「つながる力」フェミックス（2013 年）

恭子と汗をかきながら

重い障害の娘　あなたの存在が私たちの豊かさに

著　者　　下郡山　和子

初版印刷　　2020 年 7 月 30 日
2 刷印刷　　2023 年 6 月 30 日

発行所　　ぶどう社
編 集／市毛さやか
〒 154-0011　東京都世田谷区上馬 2-26-6-203
TEL 03（5779）3844　FAX 03（3414）3911
ホームページ　http://www.budousha.co.jp

印刷・製本／モリモト印刷　用紙／中庄